Uma chance para o
Amor

pelo espírito
Fernando

psicografia de
Lizarbe Gomes

Uma chance para o
Amor

LÚMEN
EDITORIAL

Uma chance para o amor
pelo espírito Fernando
psicografia de Lizarbe Gomes

Copyright © 2013 by
Lúmen Editorial Ltda.

1ª edição – setembro de 2013

Direção editorial: *Celso Maiellari*
Direção comercial: *Ricardo Carrijo*
Coordenação editorial: *Fernanda Rizzo Sanchez*
Revisão: *Alessandra Miranda de Sá*
Projeto gráfico e arte da capa: *Casa de Ideias*
Impressão e acabamento: *Gráfica e Editora Vida e Consciência*

Dados Internacionais de Catalogação na Publicação (CIP)
(Câmara Brasileira do Livro, SP, Brasil)

Fernando (Espírito).
  Uma chance para o amor / pelo espírito Fernando; psicografia de Lizarde Gomes. – 1. ed. – São Paulo: Lúmen Editorial, 2013.

  ISBN 978-85-7813-137-1

  1. Espiritismo 2. Psicografia 3. Romance espírita I. Gomes, Lizarde. II. Título.

13-06903   CDD-133.93

Índices para catálogo sistemático:
1. Romances espíritas psicografados: Espiritismo 133.93

LÚMEN
EDITORIAL

Rua Javari, 668
São Paulo – SP
CEP 03112-100
Tel./Fax: (0xx11) 3207-1353

visite nosso site: www.lumeneditorial.com.br
fale com a Lúmen: atendimento@lumeneditorial.com.br
departamento de vendas: comercial@lumeneditorial.com.br
contato editorial: editorial@lumeneditorial.com.br
siga-nos nas redes sociais:
twitter: @lumeneditorial
facebook.com/lumeneditorial1

2013

Proibida a reprodução total ou parcial desta obra
sem prévia autorização da editora
Impresso no Brasil – *Printed in Brazil*

De tudo fica uma certeza:
a vida é muito mais bela, grandiosa e justa do que imaginamos.

Leonora Amorim

Dedicamos esta obra aos médiuns, que ao enfrentarem as
incompreensões, os preconceitos e as perseguições, ao se
submeterem a inúmeros testes e exames buscando comprovar
a autenticidade do fenômeno mediúnico, possibilitaram
o avanço dos estudos sobre o instigante
tema da mediunidade.

Sumário

Apresentação   9

1. Vivendo a infância   11
2. No lar de Fábio   29
3. Semeando esperança   39
4. Definindo rumos   45
5. Atendimento na vida maior   61
6. Akira   69
7. A surpresa   81
8. Renovação   95
9. O triunfo do amor   105
10. A travessia   113
11. Glorinha   119

12	De trevas e de luz	135
13	Tempos de progresso	141
14	Rememorando	147
15	Uma experiência inesquecível	157
16	A trajetória de Leonora	181
17	O regresso	193
18	Longe de casa	201
19	Reparação	211
20	Dias melhores	219
21	À luz do perdão	230

Apresentação

A esperança de mais uma vez colaborar com reflexões e análise acerca das questões que envolvem o nosso viver me faz trazer um pouco das minhas observações e experiências.

Julguei importante e necessário continuar com o tema que envolve o aborto e suas múltiplas implicações. Também abordarei a mediunidade, sempre fascinante e merecedora de estudos constantes.

Tomei a liberdade de trazer uma passagem marcante de minha recente experiência na vida física. Alterei alguns nomes de personagens, mas os fatos relatados são verdadeiros. Dessa maneira, você poderá saber como foi meu contato inicial com a mediunidade e o que isso acrescentou ao meu aprendizado. Volto ao passado para buscar lições que me foram úteis, esperando que elas também possam lhe servir.

Quis o Senhor dos mundos que aprendêssemos continuamente uns com os outros a fim de procurarmos acelerar nossa renovação!

Entrego-lhe mais uma obra com o carinho de sempre e um profundo sentimento de gratidão a todos os que colaboraram na sua realização. Que ela possa servir ao progresso de todos nós!

FERNANDO

capítulo **um**

Vivendo a infância

De longe já se podia ouvir o som de risadas infantis.

Era fim de tarde com temperatura agradável na capital porto-alegrense.

Observávamos a alegria e a espontaneidade de três crianças balançando-se na pequena área de lazer da escola que frequentavam. Akira, Gisele e Tarsila tinham a mesma idade: sete anos. E estavam na mesma turma. Haviam se conhecido lá, e ao longo do ano letivo que se encerrava naquele dia. Tinham uma bela amizade.

À espera dos pais que tardavam um pouco a chegar, divertiam-se nos balanços, sob o olhar atento das monitoras.

Estavam agora apenas os três, distraídos naquela praça que tinha muitos brinquedos.

Em dado momento, Akira, um menino simpático e sempre disposto, convidou as duas amigas para sentarem-se à sombra de frondosa figueira, perto dos balanços. Para lá seguiram os três, dando início à curiosa conversa:

– É verdade mesmo que tu vais viajar com teus pais para o Japão, Akira? – indagou Gisele com interesse.

– Sim – respondeu o garoto em tom animado. – Vamos ficar até o fim do ano com meus avós em São Paulo e no início do ano vamos todos para o Japão.

Nesse instante, notamos que o olhar de Tarsila voltou-se para sua mochila. De lá, a jovem retirou um mimoso urso de pelúcia e colocou-o carinhosamente no colo. Voltando-se para Akira, o menino descendente de japoneses que havia se tornado seu querido amigo e companheiro de muitas brincadeiras, disse com ternura:

– Já sei o nome que vou dar a ele: Pepito. Vou sentir saudades de ti, Akira, mas terei o Pepito para me lembrar de que tu estás bem ao lado de teus pais.

O urso de pelúcia foi um presente dele naquele mesmo dia em que as crianças trocaram lembranças entre si no encerramento do ano letivo. Akira, enternecido pelas palavras da amiga, abraçou-a, lembrando:

– Meus pais disseram que vão mandar notícias para vocês.

– Isso mesmo – confirmou Gisele com um sorriso. – Vamos saber tudo que se passa contigo lá no Japão.

Todos riram da maneira como Gisele pronunciou o nome do país. Nem perceberam que, a curta distância, eram observados por Paulo, avô de Tarsila, e por Mitiê, a mãe de Akira.

Ela, apressada, apenas disse a Paulo que se encarregaria de levar Gisele para casa, a pedido da mãe da menina. E assim foi feito. Enquanto a menina negra, de tranças enfeitadas, seguia com a mãe do amigo, Tarsila olhava para o avô com um misto de contentamento e frustração. Paulo já entendia aquele olhar. Ainda assim, ela verbalizou:

– Papai não pôde vir de novo, não é, vô? E pediu para o senhor vir me buscar!

Para tirar a tristeza dos olhos da neta tão amada, ele brincou:

– Ora, Tarsila! Se não serve esse vovô, posso conseguir outro para ti!!

– Não – protestou a menina com ar decidido. – Não preciso de outro vô porque eu adoro o que tenho!! – E finalizou com um beijo na face de Paulo.

Enquanto seguia para o estacionamento, o avô de Tarsila notou mais uma vez o rapaz encostado em uma motocicleta do outro lado da rua. Em mais de uma ocasião percebera sua presença, sempre atenta na hora da saída das crianças. De início, pensou ser pai de algum dos alunos. O observador misterioso aguardou a saída de Akira e Gisele e, em seguida, tomou rumo oposto. Ainda um tanto intrigado, Paulo mal prestou atenção no que a neta indagara ao entrar no carro:

– Vô, responde! – insistiu a menina. – O senhor conseguiu falar com o tio Álvaro? Ele vem mesmo amanhã?

– Sim, eu consegui falar com ele! Álvaro chega amanhã de manhã!

– Oba! – comemorou Tarsila. – O tio sempre me leva para ver o pôr do sol no Guaíba. Eu gosto de ir lá com ele.

No trajeto da escola até a casa, Paulo foi se lembrando do quanto ele também, tempos atrás, gostava de levar os filhos para ver o famoso pôr do sol que enfeitava a capital dos gaúchos. Era um dos momentos preferidos de Fábio, o primogênito, e de Álvaro, o caçula.

Parecia que o hábito havia passado de geração para geração. Agora era a vez de a filha de Fábio manifestar a mesma preferência. E foi pensando no pai que ela perguntou:

– Será que papai está melhor?

– Não entendi por que tu perguntas isso! Teu pai está muito bem, minha querida!

– Não, vô, não está não! Ele continua muito triste! Ainda ontem eu o vi chorando no quarto, abraçado a um vestido da mamãe! Não sei por que ele faz isso.

– Querida, muitas vezes as pessoas fazem coisas que não conseguimos entender bem, mas nem por isso devemos deixar de querer bem a elas. Já lhe expliquei. Teu pai precisa que sejas muito carinhosa e paciente com ele.

– Eu não queria ver meu pai assim... nem a minha mãe quer que ele fique assim.

– Tarsila – interrompeu Paulo –, outra vez tu vais dizer que viu tua mãe?

– Eu a vi sim, e ela falou comigo também. Não quer que eu e papai fiquemos tão tristes porque ela não está mais com a gente. Ela não está de uma maneira, mas está de outra. Não sei explicar, vô, mas quando falo com ela sei que papai não precisa ficar assim tão triste.

Paulo apenas ouviu. Não tinha mais argumentos para contestar o que a neta dizia com tanta espontaneidade e veemência. Já havia alguns meses que Tarsila demonstrava segurança em dizer que continuava em contato com a mãe, desencarnada havia pouco mais de um ano. Mesmo sendo informado por amigos que estavam mais familiarizados com as relações entre o mundo físico e o espiritual de que isso era possível, ele custava a crer no que a pequena Tarsila afirmava com tanta naturalidade. Cristiana, a mãe dela, ia, de fato, em espírito, consolar e animar a adorada filha. Os encontros traziam muitos benefícios a ambas. Todavia, eram pouco compreendidos por Paulo e

Fábio. Este último julgava improvável qualquer possibilidade de intercâmbio com os desencarnados, atribuindo as visões da pequena a fantasias da mente infantil. Julgava-se infeliz por estar irremediavelmente separado de sua amada Cristiana, a mulher por quem fora apaixonado desde a adolescência, com quem se casara ainda bastante jovem, e com quem construíra um lar feliz, ainda mais feliz com a chegada de Tarsila, criança tão aguardada e amada desde os primeiros instantes de vida. Desde que a esposa partira, vitimada por insidioso câncer, que lhe ceifou a vida em poucos meses, Fábio alegava que a existência para ele perdera todo o sentido. Viveria apenas para cuidar da filhinha, apenas por ela, já que nada mais o atraía na vida.

Assim passara os últimos meses: retraído, abatido à vista de todos, que se surpreendiam com o quanto ele havia sido capaz de se afastar de tudo o que lhe trazia alegria e bem-estar para viver como se estivesse em luto permanente.

Paulo pensava em tudo isso enquanto observava a neta no carro, retornando para casa e entretida com a paisagem. Por um lado, era muito bom que ela estivesse reagindo melhor à separação materna, pois parecia sofrer menos do que o pai. Isso, por si só, já servia para consolar e animar o coração do avô, que, mesmo sem estar convencido pelas inúmeras explicações que ouvira acerca da continuidade da vida após a morte, ainda assim, confiava que Deus, com justiça e bondade, cuidava de sua querida nora Cristiana e da estimada Tarsila.

.♣. .♣. .♣.

Ao anoitecer, acompanhamos a chegada de um jovem a um Centro Espírita da capital, o qual chamaremos de Veredas da

Luz. Verificamos que era o rapaz misterioso que chamou a atenção de Paulo algumas horas antes.

Ele estacionou a moto e entrou nas dependências da Casa Espírita com a fisionomia abatida. Levava consigo uma profunda inquietude interior. Seus olhos logo encontraram o que procuravam. Naquela noite, reservada à sessão pública de passe, a exposição doutrinária seria realizada por Genaro, seu amigo havia vários anos. Era um senhor de cabelos grisalhos, trabalhador dedicado à Doutrina Espírita desde a mocidade. Irradiava uma simpatia natural que logo se transformava em confiança para a maioria das pessoas de seu amplo círculo de relações.

Luciano precisava, e muito, lhe falar. Sentia que lhe faria enorme bem ouvir a palavra sempre ponderada de Genaro, amigo que o conhecia desde a infância.

Logo o expositor iniciou o tema proposto para aquele dia, que versava sobre a infância, enfatizando com segurança:

– Amigos, a infância, declaram todos, em unanimidade, sejam religiosos, médicos, psicólogos, psiquiatras, professores, enfim, variada gama de profissionais, é uma fase de suma importância para o desenvolvimento do indivíduo. Nisso todos concordam, pois, de fato, experiências vividas nessa etapa da existência tendem a nos marcar por toda a vida.

O expositor fez uma ligeira pausa e logo destacou a referência contida em *O Livro dos Espíritos*:

– Quando Kardec indagou às inteligências superiores qual era a utilidade, para o espírito, de passar pela infância, recebeu a seguinte resposta, conforme consta na questão 383: *O Espírito encarnado, com o objetivo de se aperfeiçoar, é mais acessível, nesse período, às impressões que recebe e que podem ajudá-lo em seu adiantamento, para o qual devem contribuir os que estão encarregados de sua educação.* Quanta sabedoria! – exclamou o expositor, impregnando as palavras de vivo entusiasmo. – Em uma época em que se julgava que as crianças apenas deveriam reproduzir o comportamento dos adultos, portando-se como se fossem adultos em miniatura, eles nos lembram o quanto essas impressões que os pequenos recebem de nós podem servir tanto para seu aprimoramento como também para prejudicá-los ou retardá-los em sua evolução. Esse tema mereceu muito a atenção dos bons amigos que transmitiram seus conhecimentos a Kardec, tanto que, mais adiante, eles destacam a importante tarefa dos pais: *A infância ainda tem uma outra utilidade: os Espíritos só entram na vida corporal para se aperfeiçoarem, tornarem-se melhores. A fragilidade da tenra idade os torna flexíveis, acessíveis aos conselhos da experiência daqueles que devem fazê-los progredir. É quando se pode corrigir seu caráter e reprimir suas más tendências. Esse é o dever que Deus confiou aos pais, missão sagrada pela qual terão de responder.*

Ao concluir a leitura, o experiente expositor notou a assistência vivamente interessada, por meio dos olhares atentos, inquietos e surpresos de muitos dos presentes. Enfatizou então:

– Dever que Deus confiou aos pais... missão sagrada pela qual terão de responder! Pensemos muito na formação que estamos dando às nossas crianças, muitas delas tristemente desamparadas nos lares onde a pobreza domina, bem como naqueles em que a fartura e a abastança imperam. Pensemos muito no que estamos oferecendo àqueles a quem Deus nos confiou, pois o Criador acredita que somos capazes de dar uma boa orientação e formação àqueles que partilham de nossa experiência terrena na condição de filhos, netos, sobrinhos, alunos e até mesmo vizinhos. Que exemplos estamos dando a eles? Não precisamos, evidentemente, agir como se quiséssemos ser os heróis das histórias, com superpoderes, prontos para agir sempre com acerto, resolvendo todas as dificuldades. Não, Deus não exige isso. Ele quer nosso esforço constante na busca da melhor alternativa. Não nos exige além do que podemos oferecer, mas conta com nossa disposição para corrigir posturas equivocadas. Isso, sim, compete-nos realizarmos.

Enquanto Genaro dirigia-se a todos os trabalhadores e frequentadores ali presentes, Luciano refletia sobre muito do que lhe acontecera nos últimos anos. Nunca havia considerado a tarefa da paternidade com toda aquela grandeza atribuída por seu velho amigo, com base nos ensinamentos espíritas. Não percebera a "missão sagrada reservada aos pais" em sua verdadeira dimensão. Sentia que falhara gravemente, desertara desta tarefa muito cedo ainda. Recuara diante da necessidade de assumir sua responsabilidade como pai, convicto, na época, de que agira com acerto e de que nada o obrigava a dividir a tarefa da educação de uma criança num momento em que não se sentia apto para isso. Dessa forma, acabou abandonando a mulher que seria mãe de sua filha, na esperança de que ela, quem sabe, cedesse à sua argumentação e interrompesse a gestação indesejada.

Agora, naquele instante, vendo a vida sob uma perspectiva mais ampla, agradecia a Deus pelo fato de a gestante, mesmo com todas as dificuldades, ter levado a gravidez adiante e dado à luz linda menina. Não fosse isso, considerava Luciano, seu débito com a contabilidade divina seria ainda maior.

Sua atenção voltava-se novamente ao expositor, que continuava a abordar a questão sob novo prisma:

— Há quem se espante por ver o número crescente de crianças cuja mediunidade se apresenta desde muito cedo. Aquelas que dizem ver e conversar com os espíritos. Tal situação costuma gerar confusão e inquietação nas famílias. O que se espera é cautela e ponderação. Tal fato costuma ser natural para as crianças, que, na maioria das vezes, sabem conviver bem com os amiguinhos do Além. O mundo progride; a sensibilidade humana também, e com ela a capacidade de captar a presença dos seres de outra dimensão ainda na infância sinaliza que a mediunidade ganha cada vez mais terreno, a fim de acelerar a evolução da humanidade. É natural, portanto, que seja assim. Pais que têm crianças passando por semelhante experiência: procurem não se deixar vencer pelo medo, pela insegurança, pelo pavor. Se algum espírito está se apresentando a um dos nossos pequeninos é porque um motivo justo provoca tal fenômeno. Investiguemos com calma, sem sobressaltos, por mais estranheza que o fato nos cause. Ouçamos os relatos da criança com paciência, sem prejulgamentos, até podermos distinguir com clareza o que pode ser fruto da imaginação daquilo que pode ser mesmo uma manifestação de sensibilidade mediúnica. Amigos, basta nos lembrarmos de que muitos médiuns conhecidos começaram desde a infância a perceber a presença de entidades espirituais. Não significa, porém, que isso vai acontecer com todas as crianças que se mostram sensíveis ao plano extrafísico. Tudo dependerá de se na sua programação espiritual estiver o trabalho na educação da mediunidade, o que nem sempre ocorre.

Genaro captava as orientações de um dos dirigentes desencarnados. Na assistência havia alguns pais com sérias dúvidas a respeito do assunto abordado. Alguns também já haviam passado por semelhante experiência quando crianças e não haviam ainda chegado a uma conclusão sobre o que, de fato, lhes ocorrera. A palavra iluminada de Genaro muito contribuiu para que tivessem nova visão sobre o assunto, embora outros tantos ainda permanecessem com sérias dúvidas sobre a autenticidade do fenômeno mediúnico na infância.

O expositor encerrou suas considerações com elevada prece, que impregnou o ambiente de vibrações sutis e refazedoras. A seguir, deu-se sequência aos passes. Luciano continuava absorto e pensativo, ainda na expectativa de que pudesse trocar ideias com o querido amigo, o homem que havia transmitido paz e consolação a tantas pessoas naquela noite.

Não demorou muito para que Genaro divisasse, entre os que aguardavam o passe, o rapaz negro, alto, magro, com olhar inquieto. Luciano, à distância, fez um sinal manifestando sua intenção de falar com o expositor. Ele, por sua vez, respondeu com outro sinal demonstrando que o esperaria na sala destinada ao diálogo fraterno. Após breve conversa com um dos frequentadores, Genaro se dirigiu para lá.

Na sala, pôs-se a rememorar os principais lances da vida daquele rapaz por quem tinha especial carinho. Vira-o crescer nas imediações de sua residência. Não precisava se esforçar muito para lembrar-se dele ainda menino, jogando futebol com os vizinhos e demonstrando, desde cedo, um especial talento para o esporte.

Conhecera os pais de Luciano e os irmãos. Eram pessoas pelas quais tinha muito apreço. A casa, embora muito simples, era sempre visitada por muitas pessoas; seu ambiente era alegre e a hospitalidade imperava. Muitos se reuniam nos fins de semana, ao som de boa e animada música.

Foi nesse lar que Luciano viveu até os dezesseis anos de idade, quando seu talento para o futebol foi descoberto por um dirigente de importante clube nacional. A partir dali, ele passou a treinar fora de Porto Alegre, tornando-se a esperança de um futuro promissor na carreira que tanto desejara. Alguns anos mais tarde retornaria, dando início a uma trajetória bem-sucedida. Era reconhecido e valorizado. Foi então que sua vida passou por uma importante transformação. Era nisso que Genaro pensava quando Luciano entrou na sala. Abraçou afetivamente o amigo e logo se sentou diante dele, com o olhar inquieto, como se procurasse as palavras para começar. O experiente trabalhador procurou ajudá-lo, comentando:

– Bom te ver aqui mais uma vez, Luciano. Como tens passado?

– Hoje eu a vi novamente, meu amigo, bem de perto! Como é linda minha menina! – exclamou com voz emocionada.

Genaro compreendeu que apenas com aquela frase Luciano dava vazão a uma série de sentimentos contidos que muito o perturbavam nos últimos tempos: remorso, aflição, amargura, afeto, ternura, insegurança e, sobretudo, arrependimento.

Julgou prudente continuar ouvindo o que se sucedera sem interferir:

– Hoje consegui sair um pouco mais cedo do trabalho e fui até a escola em que ela estuda. Era o último dia de aula. Não sei quando a verei novamente. Ela se parece tanto com a mãe! Saiu tão alegre ao lado de outro menino, um japonesinho, e a mãe dele. Minha menina conversando animada, saltitante, linda!! Fiquei com vontade de abraçá-la, Genaro, mas me contive!

Estranho, nunca senti isso por ninguém! Agora fico imaginando como e quando poderei vê-la de novo.

Luciano fez uma pausa e concluiu, bastante emocionado e faceando o interlocutor:

— Genaro, meu velho, não se preocupe que eu não vou me precipitar. Não quero fazer nenhuma bobagem, pôr tudo a perder novamente. Sei que devo agir com calma se quiser consertar alguma coisa na minha vida. Já fiz muita gente sofrer com minha inconsequência, e demorei muito para entender. Só agora percebo que ela é filha da única mulher a quem eu amei de verdade e, ainda assim, fui capaz de abandonar. Pensava nisso enquanto o ouvia falar! Ainda bem que ela foi mais corajosa do que eu, não se intimidou com a minha falta de caráter e levou a gestação adiante. Ela deve amar muito essa menina. Gisele é adorável!

O rapaz, cabisbaixo, calou-se. Seu velho amigo então considerou:

— Tu falas como se quisesses convencer a ti mesmo. Eu tenho plena confiança em ti. Sei que vais agir com ponderação, sem os impulsos egoístas de outros tempos. Há pouco falavas "a minha menina", mas em seguida lembraste que ela não pertence só a ti, mas a outro alguém que, certamente, a ama muito. Isso deve ser sempre respeitado, é algo fundamental e sagrado.

— Eu sei disso, Genaro. Até agora não criei coragem para procurar Rosana e falar com ela. Apesar de minha família morar aqui, ela nunca os procurou. Meus pais visitaram Gisele quando ela era ainda um bebê e logo se afastaram quando notaram que Rosana e a mãe preferiam criá-la distante de nós. Meu pai se foi deste mundo levando o sentimento de não poder ter a neta perto de si. Enquanto isso, eu vivendo a ilusão de um sucesso efêmero, que me deu a falsa sensação de estar acima de todos os interesses e sentimentos. Agora tento reconstruir minha vida, mas me aflijo, às vezes, pensando que, assim como ele, nunca chegarei a estreitar nos braços a menina que foi fruto não de um relacionamento leviano, mas de um sentimento de amor intenso.

— Sendo assim — completou Genaro —, o que posso dizer? A meu ver tu sofres e te torturas por antecipação, meu jovem. A vida é cheia de surpresas e, muitas vezes, o que parece estar definido de maneira desfavorável aos nossos interesses na verdade não está. Não posso, é claro, responder por Rosana. Ela é uma mulher de muito valor que, assim como tu, pode ter cometido seus exageros por ter se sentido muito magoada e por ter perdido a confiança em muitas pessoas.

— Sim, o culpado fui eu... agi mal e ela estendeu seu ressentimento até mesmo aos meus familiares, que não mereciam. Não a condeno, não tenho esse direito. Busco somente uma oportunidade de mostrar que não sou mais o canalha ambicioso de antigamente. Aprendi a duras penas o que realmente tem valor na vida. E tu, meu caro amigo, tem me ajudado muito. Não me considero espírita, mas me sinto muito bem cada vez que venho aqui. Saio melhor, com mais ânimo e esperança.

— É justamente isso que gostaríamos que acontecesse com todas as pessoas que vêm até o Centro Espírita Veredas da Luz, Luciano. Vem sempre que desejares — concluiu ele com sorriso amistoso.

— Obrigado por me ouvir mais uma vez. Agora vou dar um abraço em uma amiga que encontrei aqui e depois irei para meu apartamento, porque amanhã o dia começa cedo para mim! Deus ampare sempre a todos vocês desta casa abençoada – afirmou o rapaz ao se despedir.

Genaro levantou-se e, abraçando-o mais uma vez, disse:

– Deus te abençoe também e te aponte os melhores caminhos, meu amigo!

E assim Luciano se foi. Logo depois, Genaro também encerrou suas atividades. Nós, companheiros da vida maior, permanecemos mais um pouco, dando curso a nossas tarefas em Veredas da Luz.

Já havia visitado aquela conhecida e respeitada instituição espírita em outras ocasiões, mas naquela noite pude me deter mais na observação das múltiplas tarefas que ali se desenvolviam. Inúmeros cooperadores empenhavam-se em atender, com ordem e disciplina, várias entidades que permaneceram em diferentes estados de consciência. Alguns à espera de socorro para seus desajustes. Outros tantos perdidos, sem entender ao certo onde estavam. Muitos se mostravam curiosos com o ambiente e vagavam, perdidos, por diferentes lugares. Não haviam conhecido recanto como aquele, impregnado de boas vibrações e onde o trabalho de cooperadores dedicados era incessante. Havia ainda os indecisos, que não sabiam ao certo se retornavam aos costumeiros vícios e ambientes degradantes a que se vinculavam ou aceitavam o convite amável dos trabalhadores do bem para que buscassem algo melhor para si mesmos. A nenhum deles era imposto o que quer que fosse. Eram livres para decidir, de acordo com a consciência.

Assim, vimos muitas entidades retornarem para seus antigos recantos, apegadas a afetos ou desafetos da vida terrena. Entretanto, havia a esperança de que algo nelas tivesse se modificado. Dificilmente sairiam indiferentes a tudo o que viram naquele lugar tão acolhedor! Talvez algo mais forte, lá fora, ainda as chamasse. Era a impressão que tínhamos ao vê-las partir, ainda com um olhar um tanto perdido e passos vacilantes.

Felizmente, contudo, vários espíritos, que ali compareceram com os encarnados a que se ligavam mentalmente, estavam sendo, por vontade própria, encaminhados ao atendimento socorrista apropriado a cada um. Eram grupos ordenados, sob a cuidadosa orientação de atendentes muito bem preparados que, por sua vez, seguiam seu trabalho sob a supervisão de Aires, um dos dirigentes espirituais da referida Casa Espírita.

Conhecíamos o instrutor, que se fez presente em muitas das reuniões que ocorrem periodicamente em nossa colônia Redenção. A ele me dirigi, saudando-o e já agradecendo o convite que me fizera tempos atrás para acompanhar os trabalhos desenvolvidos em Veredas da Luz.

Ele retribuiu gentilmente meu cumprimento e aduziu:

– Fernando, é com imensa alegria que te recebo aqui. Esperamos poder colaborar com teu trabalho mais uma vez. Desde já, receba de nossos colaboradores todo o apoio de que precisar!

– Agradeço-te, meu amigo, todo incentivo que venho recebendo de vocês para continuar minha tarefa de aprendiz. De minha parte, digo o mesmo – rematei com um sorriso.

Enquanto dávamos curso a nossa conversa, percebi o extremado carinho com que eram atendidas as entidades que apresentavam um nível acentuado de desequilíbrio emocional. Eram conduzidas a alas especiais do Centro Espírita e lá recebiam os recursos de que careciam. Era possível observar outras equipes envolvidas nos cuidados de dispersar as energias mais densas e providenciar a higienização da psicosfera da casa de caridade.

Ao ver meu olhar atento no acompanhamento dos companheiros da vida maior, Aires comentou:

– Quando se cerram as portas do Centro Espírita, quando sai o último cooperador encarnado, prosseguem outras etapas do tratamento aos encarnados e desencarnados. Trabalho que se desdobra em outras esferas, muito além dos acanhados sentidos físicos.

Este trabalho é resultado imediato da sintonia dos frequentadores e dos trabalhadores.

– Pude observar – falei – que os espíritos que se revelaram mais propensos a aceitar o atendimento oferecido foram os que se dirigiram até aqui por vontade própria, sem estarem vinculados a alguém que estivesse presente na assistência ou os que estavam acompanhados por alguma entidade. No entanto, no momento da prece, houve o desligamento desses seres espirituais.

– Você está correto, Fernando. Os encarnados que procuram manter o pensamento direcionado para o comentário do expositor, que oram com fé, facilitam muito o atendimento aos desencarnados sofredores que, porventura, estejam próximos a eles. O oposto também ocorre. Muitos de nossos frequentadores se mantêm indiferentes durante a maior parte do tempo. Parecem ansiosos para irem embora, pouco se beneficiam do tratamento oferecido e poucos colaboram para o socorro dos espíritos que deles se aproximam, ainda em profundo estado de abatimento ou perturbação. Dia virá em que nossos companheiros da vida física compreenderão melhor a importância do pensamento, da vontade e do bom uso do livre-arbítrio e sua relação direta com o bom ou mau resultado que venham a obter no tratamento do passe.

— A maioria — cogitei — tem grande dificuldade em se desligar, ainda que momentaneamente, das necessidades da vida material, das urgências da vida moderna. No entanto, felizmente, já tenho visto e espero ver cada vez mais pessoas entendendo que o passe tem uma dimensão muito maior do que imaginamos, sendo de enorme valia no reajustamento de nossas energias mais profundas. Já não esperam um tratamento miraculoso que vá lhes restituir a saúde imediatamente ou resolver, de pronto, intrincados problemas de variada ordem. O passe é um recurso que auxilia muito quando bem compreendido e administrado.

Aires me apresentou outros cooperadores do grupo e passou a me descrever pacientemente os trabalhos ali desenvolvidos. Mais uma vez procurei aproveitar da melhor maneira a valiosa oportunidade de aprender com os experientes instrutores da vida maior.

Entre os rostos amigos que revi naquela noite estava a jovem Cristiana, mãe da adorável menina que tínhamos visto naquela tarde com seus amigos da escola. Ela me disse que estava se preparando para mais um encontro com a pequena. Convidou-me a acompanhá-la em visita ao seu lar terreno. Assim, dirigimo-nos para lá.

*capítulo **dois***

No lar de Fábio

Logo chegamos ao confortável apartamento que serviu de moradia para Cristiana na mais recente encarnação.

Na sala principal, encontramos o esposo, sentado em confortável poltrona, ouvindo uma música que lhe evocava lembranças da juventude. Fábio ainda não atingira os trinta anos de idade, era alto, elegante, traços bem definidos. No entanto, a fisionomia triste e carregada dava a impressão de ter mais idade do que efetivamente tinha. Cristiana expressou em poucas palavras a primeira impressão que teve ao revê-lo:

– A tristeza dele me fere.

De fato, podíamos perceber as emanações de dor, saudade e revolta que provinham do mundo íntimo daquele rapaz. Sabíamos que ele podia ser considerado um jovem empresário bem-sucedido. Havia conseguido, com muito esforço e dedicação, o reconhecimento de seu trabalho no ramo da informática. Lamentava, contudo, não ter mais a companheira querida ao seu lado para com ela poder compartilhar o seu triunfo. Assim, nesse estado de prostração, passara o último ano.

— Preocupa-me, Fernando — asseverou Cristiana —; ele sempre teve boa saúde, mas, se continuar assim, talvez adoeça. Conversava tanto com ele sobre isso. Procurava lhe recomendar que se cuidasse em nome do bem-estar de nossa Tarsila. Ainda me lembro do olhar terno que ele me dirigiu ao prometer que não se deixaria abater. Mas, ah... vendo-o assim, custo a crer que é a mesma pessoa com quem eu dançava feliz essa música que escutamos agora, nos tempos inesquecíveis da época de estudantes! — concluiu ela com ar entristecido.

Passamos, a seguir, para outra dependência do agradável apartamento. No quarto de Tarsila, enfeitado por inúmeros bonecos e brinquedos, estavam ela e o avô. Paulo terminava de ler para a neta mais uma história divertida, cujo fim estava sendo aguardado há dias por ela. Riram-se muito os dois do destino surpreendente dado aos personagens. No entanto, facilmente se notava que a pequena já estava prestes a adormecer. Antes, porém, atraindo seu querido amigo mais para perto de si, cochichou:

— Vô... escuta... é aquela música de novo... aquela do pai e da mãe... será que ele está chorando outra vez?

Paulo sorriu enternecido. Tarsila era uma menina muito especial. Tão pequena e tão envolvida com o drama pelo qual o pai passava. Queria ajudá-lo de alguma forma. E logo sugeriu, com a mente dominada pela história infantil que acabara de ouvir:

— Será que o gigante não podia vir aqui e mostrar o mundo colorido para o pai ver? Assim ele não ia mais ficar triste! Ele podia encontrar a mamãe lá e dançar um pouco com ela de novo! E voltar mais feliz...

Cristiana sorriu comovida com a sugestão da filha. Alegrava-se por mais uma vez ter obtido a permissão dos instrutores espirituais para visitá-la. Sabia que não teria muitos momentos como aquele, mas, enquanto lhe fosse possível, se serviria deles.

O avô a abraçou e disse, acariciando seus cabelos castanhos:

— Vou conversar um pouco com ele.

— Conversar, vô... não brigar — ensinou ela, contendo um bocejo.

De fato, nem sempre Fábio revelava-se disposto a ouvir o pai e, em muitas circunstâncias, este também, no desejo de tirar o filho do estado de abatimento em que estava, acabava se perdendo nas palavras e exagerando no tom, o que pouco contribuía para a solução do problema.

Depois de ver que a neta estava bem coberta, Paulo apagou a luz e deixou o quarto, rumo à sala.

Fábio desligara o equipamento de som. Estava se dirigindo para o quarto quando Paulo indagou:

— Não vais querer saber como está Tarsila? Enquanto tu te torturavas mais uma vez ouvindo essas músicas que te levam para o passado, o teu futuro estava logo ali, precisando de tua atenção e sentindo a tua falta. Até quando vai ser assim, Fábio?

— Pai, eu não quero falar sobre isso — respondeu Fábio secamente.

— Tarsila estava inquieta esperando por ti, queria te mostrar o presente que ganhou do coleguinha de escola. Tu chegaste e não dirigiste a ela duas palavras. Apenas te ouvi dando ordens a ela para logo sair novamente. Quando voltou não foste ver a filha que já estava se preparando para dormir. Ela pediu que eu lesse para ela o fim da história que há dias tu prometeste contar. Eu o fiz. Talvez não devesse ter feito. Talvez o correto fosse vir aqui te tirar de tuas amarguras e te lembrar do teu dever de pai. Mas meu amor por minha neta foi mais forte do que minha indignação contigo e me conservou ao lado dela enquanto tu preferiste ficar estirado nesta poltrona, viajando para o passado, tentando fugir da realidade.

Paulo fez uma pausa. Fábio permanecia imóvel, calado, amuado. Sabia que o pai tinha razão em tudo o que dissera. Apenas não encontrava em si forças para agir de maneira diferente. Tinha consciência de que estava se afastando da filha, talvez numa tentativa de evitar que sua tristeza e falta de confiança na vida acabassem por prejudicá-la.

– Tarsila está em férias, Fábio. Hoje fui buscá-la na escola porque não pudeste ir. Mas não vou mais substituir um pai que está bem vivo e pode e deve dar a esta criança encantadora todo o carinho que ela merece. E não adianta me olhar com ar de acusação – tornou enfático e sugerindo: – Leve-a para passear no fim de semana, vai te divertir com ela em um circo, um parque, um zoológico, algum lugar bem agradável onde possam passar boas horas juntos.

– Não, pai... amanhã certamente ela vai querer passar boas horas com o tio Álvaro, por quem ela tem verdadeira adoração, não é verdade?

– Sim, é verdade! Ela e Álvaro sempre foram muito ligados e não vejo problema algum nisso, Fábio! Não há motivo para isso te incomodar tanto!

– Pois incomoda, pai. Incomoda de verdade! Espero que ele não fique por muitos dias ou então que encontre muitas outras coisas para fazer aqui em Porto Alegre a fim de se manter bem ocupado. Parece que todos sabem como se entender com a minha filha, menos eu – encerrou em tom de desabafo.

– Definitivamente, tu não sabes o que dizes. Tarsila te ama, e te ama muito! Tu é que precisas te amar mais, meu filho. Estás sendo cada vez mais perverso contigo mesmo.

Paulo terminou a conversa ao ver que seria inútil prolongá-la. Sabia que por mais algum tempo Fábio continuaria a se ver como um injustiçado, vítima do destino, anulando possibilidades de reajustamento.

Alguns minutos depois da partida do pai, o rapaz se dirigiu ao quarto da pequena. Aproximou-se devagar de seu leito. Tarsila adormecera. Carinhosamente, Fábio beijou-lhe a fronte. Naquele instante, lembrou-se de que havia prometido a Cristiana que sempre oraria com a filha antes de ela adormecer. Há quanto tempo não fazia isso? Não, dizia para si mesmo, não tinha forças para orar. Isso era para pessoas superiores, não para alguém desamparado e debilitado como ele. E, com esse pensamento, afastou-se em direção ao seu quarto.

Enquanto isso, em outra dimensão, durante seu desdobramento no sono, mais uma vez Tarsila se viu abraçada à mãezinha querida.

A menina, tão familiarizada com aqueles encontros, logo foi contando, bastante animada:

– Mamãe, amanhã tio Álvaro chega! Vamos esperar por ele na casa do vovô! Acho que ele vai passar o Natal e o Ano-Novo aqui!

– Sim, minha querida, que bom que Álvaro virá ver vocês! Ele deve sentir saudades de casa.

As duas se calaram por alguns instantes, até que a pequena, com emoção na voz, comentou:

– Bom mesmo era quando podíamos estar todos juntos, mãe! Sei que a senhora não está mais conosco porque o Papai do Céu quer que a senhora fique aqui, nesse lugar tão bonito! Eu queria tanto que papai entendesse! Por que a senhora não lhe explica, assim como fez comigo? – indagou curiosa.

— Porque tudo tem seu momento certo para acontecer, querida – explicou Cristiana, aproximando a filha do peito. – Hoje teu pai não aceita e não entende bem o que se passa. Temos de entendê-lo. Eu já te disse outras vezes: sê sempre amiga de teu pai, sê carinhosa e paciente com ele. Se, às vezes, ele parece distante é porque não está sabendo agir diferente. Logo voltará a ser aquela pessoa que passeava nos fins de semana, sempre disposto a te mostrar lugares bonitos e interessantes! Acredite no que eu te digo, filha querida!

Mais uma vez Cristiana tentava renovar o ânimo daquele serzinho que tanto amava. Ela me olhava enternecida e pude captar seu pensamento. Lembrava-se do quanto sofrera tempos atrás, logo depois de seu retorno à vida espiritual, com a perspectiva de não mais ver seus entes amados. Imaginava que a morte queimasse pontes atrás de si, rompendo toda a possibilidade de reencontro com os que ficaram. Permaneceu por muito tempo desesperada, sem saber a razão de seu desenlace precoce, tendo que deixar a família que recém-constituíra. Foi nesse tempo de incerteza que Cristiana contou com o decisivo apoio de nossa querida amiga e instrutora Alba Lúcia. Ela é uma experiente lidadora e na Colônia Redenção acolhe e orienta mães que deixam o plano terreno em condições semelhantes às da nossa Cristiana. E eram estes momentos que voltavam à sua mente naquele instante em que se via abraçada à filha. Um profundo sentimento de gratidão a envolvia. Havia cruzado os portais da vida maior, mas, por Misericórdia Divina, isso não a impedia de vencer distâncias e travar contato com a filhinha querida. Pensava também no quanto valera todo seu esforço na busca de equilíbrio das emoções e do reajustamento, pois se sentia recompensada naquela oportunidade valiosa de troca de afeto com Tarsila.

Orei por minha amiga, para que ela tivesse sempre a lucidez necessária para dar curso às tarefas de aprendizado às quais se propunha!

No dia seguinte, Tarsila acordou de ânimo renovado. Abraçou alegremente o pai, que estava sentado à mesa de refeições para o café da manhã. Logo os dois seguiram para a casa de Paulo, pois o visitante não tardaria a chegar.

Com efeito, pouco depois de meia hora, um veículo estacionou em frente à casa de Paulo. A primeira a ver foi Tarsila, que logo saltou da porta correndo em direção ao tio e envolvendo-o em um demorado abraço.

– Vem cá, minha linda! – disse ele, sorridente e saudoso.

Em seguida, chegaram Paulo e Fábio para recebê-lo afetuosamente.

Assim que acomodou a bagagem em seu quarto, Álvaro voltou para a sala onde era aguardado. O ambiente havia se modificado: nova pintura, novos móveis, e o jardim estava mais amplo e organizado de maneira ainda mais agradável aos olhos. Pequena fonte, colocada ao centro, adornava o local e evocava uma sensação de paz, de calma.

A pequena Tarsila excursionava com o tio pela casa, mostrando-lhe as modificações que Paulo havia feito nos últimos meses. Ele observava tudo com gosto, aprovando as alterações.

Logo estavam todos sentados à sombra de frondosa paineira, sob a qual o dono da casa havia colocado bancos para acomodar os visitantes.

Os dois meninos haviam crescido ali, passaram boa parte da infância em meio ao pomar, nas mais diversas brincadeiras. Ali era uma parte da casa que nunca havia recebido a devida atenção. Contudo, nos últimos meses, Paulo aproveitara melhor o espaçoso terreno. No entanto, não comentou muito sobre as alterações realizadas com o filho que morava em outra cidade justamente para lhe fazer surpresa.

Tarsila, por sua vez, amava visitar a casa de Paulo. Ali tinha sua bicicleta, seu quarto de brinquedos, espaço de sobra para correr e brincar à vontade. Em um canto do jardim, o avô construiu uma casa de bonecas na qual ela passava bom tempo distraída. E para lá ela se dirigiu enquanto os três homens conversavam:

– Como está graciosa a nossa menina – elogiou Álvaro –, cada vez mais vivaz e inteligente!

– Sem dúvida – rematou Paulo. – Tarsila é uma criança adorável.

Logo em seguida, ele saiu para atender o telefone. Só então Álvaro pôde notar com mais atenção o ar tristonho do irmão.

Esperava, no seu retorno, encontrá-lo com novo ânimo, novos planos, reerguido do golpe que levara. Mas não era o que acontecia. Fábio, mesmo nos poucos minutos que transcorreram desde a chegada dele, manifestava o quanto insistia em dar guarida à tristeza. Perguntou então:

– Tu vais ver os treinos na escolinha hoje à tarde?

Álvaro referia-se à escolinha de futebol dirigida pelo pai, mantida já havia alguns anos e sediada em um bairro pobre da capital.

Com o pensamento distante, Fábio demorou a perceber que estava sendo inquirido. Só então respondeu cabisbaixo:

– Eu não vou... se vocês quiserem ir podem levar Tarsila... ela adora visitar a escolinha!

– Não, Fábio, ela só vai se tu nos acompanhares! Se não podes ir, fica com tua filha.

O irmão mais novo olhou surpreso para o outro. Não era essa a resposta que esperava.

Uma chance para o amor › 37

– Como? – perguntou, como se não houvesse entendido o que ouvira. – Tarsila passou toda a semana falando da tua chegada. Pensei que quisesses passear com ela...

– Sim – interrompeu Álvaro, empregando tom firme à voz –, quero muito passear com minha sobrinha e vou fazer isso. Mas tenho certeza de que ela gostaria muito mais da companhia do pai. Tens apenas os fins de semana para ficar com ela por mais tempo. Eu estou em férias, posso sair durante a semana.

E, para reforçar a ideia, pôs a mão sobre o ombro de Fábio, que permanecia sentado, acompanhando o raciocínio do irmão:

– Este fim de semana é teu com Tarsila. Passeia com ela ao ar livre, aproveita o dia bonito! Vai ser bom para os dois, tenho certeza.

Após alguns instantes de silêncio, Fábio argumentou:

– Será mesmo que ela vai apreciar a companhia de um homem triste? Sim, porque é isso que eu tenho sido ultimamente.

– Em luto permanente? – considerou Álvaro.

– Sim, disseste bem! E entendes porque também conheceste Cristiana e podes avaliar o desespero que a ausência dela provocou na minha vida. Às vezes, acordo com a sensação de que tudo foi um pesadelo, que é só esperar um pouco e ela vai chegar, linda, amável, alegre como só ela sabia ser. Ainda a vejo se aproximando com aquele sorriso maravilhoso, abraçando-me, falando com aquela voz suave... Ah! A maioria das pessoas não me entende, talvez porque nem eu mesmo sei entender o que se passa ou por que se passa.

Álvaro ouviu seu desabafo. Sabia que isso ajudava o irmão. De fato, conhecera Cristiana e todo o seu carisma. Havia sido seu grande amigo e igualmente sentira demais a sua partida para a vida espiritual. No entanto, diferentemente de Fábio, que se deixara abater pelo sofrimento atroz ao acreditar na separação irremediável, possuía a firme convicção de que a figura tão amada prosseguia feliz em outra dimensão, colhendo os frutos de uma existência cheia de boas realizações em sua passagem pela Terra. No seu modo de ver, não fazia sentido pensar diferente. No entanto, sabia que sua crença não era compartilhada nem pelo pai, nem pelo irmão. Era preciso dar tempo ao tempo para que os frutos amadurecessem, pensava enquanto ouvia o irmão sem interferir.

— Procura pensar que hoje, só por hoje, Tarsila não vai ter a companhia de um homem triste!

— Álvaro, lá vens com teus conselhos! Não é como imaginas — objetou ele, descrente.

— Olha para a menina brincando distraída na casa de bonecas! Não é possível que a alegria dela não te contagie! Olha, vê! Escuta a risada! É lindo escutar a risada de uma filha, não é?

— ... De uma menina que não tem mais a mãe!

— Mas tem o pai, a quem ela adora! E este pai vai passar com ela todo o sábado e todo o domingo. Assunto encerrado. Melhora essa cara e aproveita o fim de semana.

Logo Paulo retornou contando o motivo do telefonema. Um dos meninos que jogava na escolinha havia se machucado e não poderia comparecer aos treinos por algum tempo.

Na hora do almoço, todos seguiram para um restaurante muito apreciado por Álvaro. Dali, os dois seguiram para a escolinha, deixando Tarsila desfrutar a companhia paterna.

Estes, por sua vez, retornaram somente no fim do dia, cansados, mas felizes, pelo longo dia de divertidos passeios e boas brincadeiras, como havia muito tempo não acontecia.

capítulo **três**

Semeando esperança

Na tarde ensolarada do sábado, mais uma vez o grito de gol ressoava pelo campo da escolinha de futebol. Pela terceira vez, Fabiano balançava as redes provocando verdadeiro alvoroço na torcida não muito numerosa, mas nem por isso menos participativa.

O terceiro gol foi obra de talentoso jogador. Fabiano, aos catorze anos, demonstrava muita aptidão para o esporte. Havia começado aos sete anos, ali mesmo, na escolinha. Naquele dia, retornava para visitar os amigos e matar a saudade. Havia conseguido, após ser aprovado em rigorosa seleção, ingressar nas categorias de base de um clube maior e, ao que tudo indicava, seguiria carreira promissora. Segundo se dizia, um investidor, que permanecia oculto, apostava no talento do rapaz, que se dedicava com afinco aos treinos e à preparação física exigida.

Aquele sábado, porém, estava sendo bastante festivo na escolinha, que recebia dois visitantes muito queridos: Álvaro, que participara da fundação, e Fabiano, que muito aprendera ali, principalmente com Paulo, que dedicara grande parte de sua vida a esse esporte e que ajudara na formação de outros tantos jogadores de qualidade.

No fim da partida, os três puderam reunir-se, trocando efusivos abraços. Souberam mais detalhes do trabalho que estava sendo desenvolvido com Fabiano, que era auxiliado por outros profissionais, igualmente competentes e qualificados na função.

O jovem comentou o quanto a disciplina, a responsabilidade, a seriedade e a perseverança, elementos tão valorizados por Paulo e seus auxiliares junto aos meninos atendidos na escolinha, o estavam favorecendo na nova e desafiadora etapa. Com sorriso estampado no rosto, ele agradecia aos antigos mestres e, ao mesmo tempo, dirigia-se aos meninos que o ouviam com admiração, incentivando-os a desenvolver essas qualidades tão necessárias a quem quisesse ser um bom atleta.

Já era fim de tarde quando Fabiano se despediu, prometendo retornar outras vezes. Depois que todos saíram, finalmente Paulo e Álvaro puderam desfrutar um pouco mais a companhia um do outro, e ali, naquele lugar tão estimado, fizeram uma verdadeira viagem no tempo.

O rapaz recordava com gosto os tempos da infância, época na qual ele, o irmão e outros amigos jogavam naquele mesmo campo, disputando partidas que ficaram gravadas na sua memória. Algumas delas eram comentadas naquele momento em meio a muitas risadas.

Álvaro tinha agora 26 anos, era alto, corpulento, cabelos claros, olhos castanhos. Há quase dez anos não morava mais na capital com o pai. No início, em razão dos estudos, já que se transferira para Santa Maria para cursar uma universidade; logo depois de formado, compromissos profissionais o levaram a viver em várias cidades, inclusive fora do estado. Há dois anos retornara e se fixara em agradável cidade da serra gaúcha. Amava seu trabalho como biólogo, e como professor compartilhava com gosto seu aprendizado.

Paulo rejubilava-se em poder ter o filho por perto mais uma vez. Saíam agora os dois, abraçados, rumo à casa do primeiro, que sentia muito a falta do filho, de sua alegria e jovialidade. Sabia-o apaixonado pela vida e seus múltiplos encantamentos. Admirava a capacidade do filho mais novo em tentar superar as adversidades sem deixar-se abater por elas, qualidade que sempre valorizou em um ser humano, todavia, a identificava em poucos.

Paulo chegou à confortável residência que construíra assim que se casara com Heloísa, mãe dos dois meninos. A agradável morada resultara dos esforços do casal e, com o tempo, passara a ser considerada o segundo lar para muitos amigos que ali eram muito bem recebidos e acolhidos.

Ali eles viveram uma união feliz e viram o crescimento de Álvaro e Fábio. Pouco antes do casamento deste, Heloísa faleceu e Paulo decidiu viver sozinho em sua morada. Dois anos depois, nasceu Tarsila, e, mais uma vez, a casa tornou a se encher de alegria trazida pela adorável menina.

Era sobre ela que os dois conversavam na sala.

– Tarsila continua dizendo que vê a mãe e fala com ela. Não entendo como pode ser. Não sei o que dizer. No início, pensei que pudesse ser fantasia dela, mas ela fala de uma maneira tão convincente e descreve tão bem esses encontros que não me atrevo a duvidar.

– E não duvide mesmo, pai! É bem possível que isso esteja acontecendo! Não é nada incomum que crianças conversem com pessoas já "falecidas"! Eu mesmo já vi outros casos semelhantes.

– E o que se faz numa situação dessas, filho? Tarsila não parece se assustar, ao contrário, deixa transparecer a alegria que sente ao rever a mãe! Tenta convencer Fábio, que nem consegue escutá-la. Ele é ainda mais contrário à ideia do que eu. Posso não entender bem, mas não tenho condições de negar com firmeza. Mas teu irmão, tu sabes, não pensa assim.

Álvaro caminhou pela sala, pensando na resposta:

– O mais prudente é agir com tranquilidade, sem sobressaltos. O senhor mesmo diz que Tarsila se sente bem, ela não se assusta e acha natural...

– Mas não é para os outros... Fábio chegou a ser chamado na escola porque ela comentou com colegas e professores, que ficaram sem saber o que pensar.

– Somos muito mal informados a respeito da morte e de seu significado, pai! Evoluímos muito em vários aspectos, mas continuamos a ignorar as outras tantas facetas que a vida nos apresenta, inclusive esta, de não cessar jamais e de se prolongar muito além do que nossos sentidos físicos podem captar.

– Para mim, isso é preocupante; significa que ela pode captar a presença de outros espíritos. Como vai lidar com isso? Não quero minha neta sendo maltratada pela leviandade e ignorância das pessoas, Álvaro.

– Isso não vai acontecer se ela souber se preparar. Vamos ajudá-la, pai.

– Como vou prepará-la se eu não estou preparado? Tenho conversado com amigos espíritas, eles me explicam exatamente o que tu falas, indicam-me livros e até já li alguns, mas ainda assim continuo tendo minhas dúvidas. Gostaria de ter a tua convicção, Álvaro. Minha mente ainda não aceita determinadas ideias sobre o intercâmbio entre vivos e mortos.

– Não te aflige, pai! Acredito que esta experiência de Tarsila vá servir não apenas para ela, mas para nós todos também.

– Fico pensando... por que será que Cristiana vem até nós? Será que não está bem no mundo em que vive?

– Não, eu penso o contrário... se ela estivesse em estado de sofrimento não transmitiria à filha a sensação de bem-estar. Ela vem demonstrar que o amor não morre nunca, é isso o que eu penso.

Já era madrugada quando Álvaro e Paulo finalizaram a conversa. Nos dias que se seguiram, o tio soube um pouco mais a respeito das conversas que a sobrinha afirmava ter com a mãe já desencarnada.

Foi no dia em que foi buscá-la para um passeio que a menina o chamou até o quarto, dando a entender que queria compartilhar com ele algo muito importante. Tirou da estante uma pasta com vários desenhos e mostrou um deles ao tio:

– Eu vou te mostrar este desenho que fiz da mamãe!

Álvaro ficou emocionado ao ver o que os traços infantis reproduziam no papel. Cristiana, envolvida por cores claras e suaves, mostrava-se à filha. Em outro desenho, novamente o ar sereno e amigo da genitora podia ser identificado nos traços da pequena desenhista.

Tarsila pôs-se a contar sobre o que conversavam e anunciou:

– A mamãe falou que se um dia papai quiser casar de novo ela não vai ficar triste. Se um dia ele conhecer uma pessoa boa para ser companheira dele eu também devo procurar ser amiga dela. Não diz nada para o papai, tio, mas acho que ele vai arrumar uma namorada – rematou ela com ar travesso.

Segundo se sabia, Fábio estava firmemente decidido a não mais se unir a ninguém. Contudo, quem pode antecipar com segurança os lances da vida, sempre tão cheia de surpresas? Álvaro conhecera Cristiana. Sabia o quanto ela tinha amado seu irmão e seguramente agora, já desembaraçada dos liames físicos, avaliava que talvez fosse necessária a presença de outra pessoa ao lado dele, deixando claro à filha que via isso com bons olhos e preparando-a para a eventual mudança. Sem dúvida, era mesmo Cristiana e sua maneira generosa de ver a vida e as relações humanas, constatou ele naquela tarde que prometia ser tão agradável e divertida ao lado da querida sobrinha.

capítulo **quatro**

Definindo rumos

Genaro terminou o café da manhã e se pôs a observar o vozerio da criançada da rua, indo em direção ao campo de futebol. Acordara mais tarde naquele dia, quando o sol já estava alto. Da varanda, viu os meninos, acenou para seus conhecidos e pensou em quanto tempo aquela mesma cena se repetia diante de seus olhos. Havia quase trinta anos que residia ali, naquele mesmo bairro, testemunhando o crescimento de vários candidatos a craques do esporte. E conhecera mesmo alguns que se tornaram famosos.

Não demorou muito para que sua esposa, Carolina, passasse a lhe fazer companhia. A manhã ensolarada, de temperatura amena, convidava a que os dois se sentassem comodamente na varanda, para observarem o movimento da rua.

Foi ela que, tomando assento na poltrona, logo comentou, como se pudesse ver as imagens que passavam na mente do esposo:

– Não cheguei a te contar, mas esses dias encontrei a mãe de Luciano. Lembras deles? Moravam a poucas quadras daqui. Ela me disse que há algum tempo voltaram a morar em Porto Alegre. Seus filhos estão trabalhando em uma rede de lojas de artigos esportivos, parece que são sócios. Estão começando no mundo dos negócios, mas vão muito bem, segundo me disse. Fiquei feliz em saber; afinal, aquela família já passou por tantos altos e baixos!

Genaro virou-se e, ao lado da esposa, buscando acomodar-se em outra poltrona, comentou:

– Tenho conversado com Luciano, ele foi ao Centro Espírita.

– É mesmo? Então ele está se sentindo bem frequentando o Veredas da Luz? Não é a primeira vez que ele vai lá, não é mesmo?

– Espero que isso o ajude a se orientar melhor. Ele está muito confuso quanto aos rumos que vai dar à sua vida. Tenho feito muitas orações por ele, Carolina, para que possa se reconciliar consigo mesmo e com os outros.

– Ele há de conseguir, meu querido, nossos bons amigos espirituais haverão de ajudá-lo.

Genaro estendeu a mão em sinal de apoio ao que a companheira dizia. Confiava muito em suas intuições. Carolina, desde muito cedo, se manifestou portadora de aguçada faculdade mediúnica que, no início, causou muita surpresa e apreensão aos familiares e pessoas com as quais convivia. Tinha as faculdades da vidência e da presciência bastante desenvolvidas. Por meio delas, pudera, com o tempo, auxiliar a muitas pessoas. Isso, porém, demandou longo aprendizado. No início, como costuma acontecer, passou por situações difíceis e embaraçosas por não compreender o que acontecia. Contudo, na mocidade, começou a frequentar o mesmo Centro Espírita onde Genaro trabalhava com o pai e ali estudou, fortalecendo os laços afetivos que os uniram em existências anteriores.

Desde então, o casal continuou suas atividades na amada Casa Espírita à qual se vincularam. Carolina se dedicava havia alguns anos ao trabalho de evangelização infantil; algo que fazia com muito gosto. Já o esposo se envolveu com a parte assistencial e a divulgação doutrinária.

Naquele instante, quando Genaro comentou sobre a disposição de Luciano em traçar melhores rumos para a própria existência, Carolina sentiu, mesmo à distância, que algo importante estava para acontecer a ele.

⚜ ⚜ ⚜

Em outro bairro da capital, mais uma vez o rapaz alto, de pele negra, porte atlético, observava Gisele, sua filha, brincando na praça próxima à sua residência.

A vontade de se aproximar dela era cada vez maior. O risco de ser identificado por algum conhecido era grande, por mais que ele procurasse ser discreto. No entanto, a alegria de vê-la brincando com as amigas parecia compensar. Gisele estava acompanhada por duas meninas, um menino e as respectivas mães.

Naquele dia, Luciano estava decidido. Iria entrar em contato com Rosana e conversar com ela sobre sua vontade de se aproximar da filha. Não iria mais adiar algo tão importante. Não fazia mais sentido andar às escondidas, levantando suspeitas. Sabia que precisaria ter muita paciência se um dia quisesse ter o carinho, o respeito e a confiança da menina. Mas estava disposto a esperar, nada o faria desistir.

Enquanto olhava a menina de tranças divertindo-se no balanço, ouviu, atrás de si, a voz de uma mulher, firme e imperiosa, o que o fez sair do terreno das conjecturas e voltar à vida prática:

— Não posso acreditar no que meus olhos veem! És tu mesmo, Luciano! Por tudo o que há de mais sagrado, o que fazes aqui, ou melhor, o que pensas que estás fazendo?

Mais uma vez Luciano estava diante da figura altiva de Rosana, a mãe da pequena Gisele. Seus olhos faiscavam num misto de raiva, surpresa e emoção. Ele, por sua vez, não estava menos surpreso. Há quanto tempo não a via. Sua atitude não tinha sido diferente do que imaginara. Por certo não aprovava o que ele fazia. Ainda um tanto embaraçado pela inusitada situação, o rapaz respondeu, tentando conter a emoção de revê-la:

— Rosana, vim ver minha filha!

— Ah! — exclamou ela com um jeito muito peculiar. — E o que tu sabes sobre ser pai? Eu te imaginava bem longe daqui, rodeado por outros filhos e outras mulheres! Se o que te traz aqui é a minha menina, eu te peço... não insiste em te aproximares dela! Nós não precisamos de ti.

— Eu entendo tua reação, não podia esperar nada diferente disso, mas... — Luciano fez uma pausa, vencido pelo olhar expressivo de Rosana, que sempre o encantara, e continuou: — Não me negue uma oportunidade de corrigir um erro grave.

— Escuta bem, Luciano, eu não preciso que faças isso. Eu e Gisele vivemos muito bem. Não nos perturbe com teus remorsos e arrependimentos. Há muito tempo deixei de te condenar. Já não me importo mais com tuas atitudes. Podes levar tua vida normalmente, apenas não tenta nada que possa fazê-la sofrer, porque isso sim eu não perdoaria nunca!

Luciano percebeu que não estavam em um ambiente apropriado para uma conversa tão importante e a convidou para se encontrarem em lugar mais adequado, distante da curiosidade alheia. Rosana se negou e afirmou:

– Não quero mais te ver rondando minha filha! Nunca mais!

– Nossa filha, queres dizer!

– Não – tornou ela enraivecida. – Gisele é minha filha. Tenho sido o pai e a mãe dela e vou continuar a ser. Não admito que tu queiras mudar isso porque tua consciência te acusa. Não piora a situação!

– Tu não podes negar à Gisele o direito de me conhecer! – argumentou ele.

– Conhecer alguém que nem queria que ela nascesse! Não, minha filha não precisa disso.

Rosana deu as costas e seguiu em passo firme rumo ao local onde a filha estava, retirando-a rapidamente dali, sob os protestos da pequena, que seguiu contrariada porque queria continuar brincando mais um pouco.

Luciano continuou observando as duas. Não tinha encontrado argumentos suficientes para demover Rosana da decisão de mantê-lo afastado da filha. Havia se dedicado a estudar cada palavra que diria quando a encontrasse e, de repente, viu-se inesperadamente diante dela, incapaz de ir contra sequer uma palavra que ela pronunciara. Ela tinha razão em tudo o que afirmara, no ressentimento que trazia dentro de si, resultado das profundas marcas que ele mesmo lhe infligira anos antes quando, em meio à ilusão da fama, da grandeza, da prosperidade, lhe virara as costas em momento tão delicado. E se ela tivesse razão, e se fosse mesmo melhor se manter afastado?

A lembrança da encantadora menina, a quem tanto gostaria de conhecer melhor, não saía de sua mente desde o primeiro instante em que a viu. Seu coração bateu de uma maneira que nunca havia batido antes. Uma emoção poderosa, que não sabia descrever, tomou-o por inteiro e desde então não mais conseguiu deixar de lado a vontade de estar mais próximo dela, mesmo que tivesse de vencer muitas resistências. E o breve diálogo daquela tarde serviu para mostrar que ele teria de agir com muita cautela e perseverança se quisesse mesmo alcançar seu objetivo.

⚜ ⚜ ⚜

A poucas quadras da praça onde aconteceu o inesperado encontro entre Rosana e Luciano, a mãe dela, Teresa, finalizava os ajustes no vestido que usaria na apresentação do coral do clube ao qual pertencia. Cantarolava despreocupadamente uma conhecida canção de Lupicínio Rodrigues, uma das suas preferidas.

Estava sentada na sala quando subitamente entraram a filha e a neta. A última ainda se lamentando por não ter ficado mais tempo brincando e a outra, por sua vez, determinando que ela se encaminhasse para o banho, pois logo teriam de sair novamente.

Só então Teresa se lembrou do recado da mãe de Akira, que minutos antes tinha telefonado para dizer que buscaria Gisele para irem todos à festa de aniversário de uma amiga em comum. No entanto, Teresa não conseguiu dirigir-se a Rosana, que, enraivecida, jogou a bolsa no sofá da sala e seguiu para seu quarto sem dar mais uma palavra. Esse gesto por si só já mostrava muita coisa. Algo muito grave tinha acontecido para provocar tamanha ira na mãe da menina.

Teresa achou por bem esperar alguns instantes até se dirigir ao quarto para dar o recado. Antes, foi verificar se a pequena havia seguido as determinações maternas e só então foi ao encontro de Rosana, que estava sentada na poltrona diante da janela, com o olhar distante, como se uma parte dela ainda não tivesse chegado a casa. A senhora iniciou a conversa:

— Rosana, a mãe de Akira ligou e avisou que vem... — Interrompeu a frase ao perceber a profunda inquietação que tomava conta de Rosana. — O que foi, guria? Algum problema no trabalho?

— Não mãe, algo pior, algo que eu não esperava que pudesse acontecer e que me deixou muito preocupada, sem saber o que fazer — relatou Rosana, ainda com o olhar distante.

Teresa presumiu que pudesse se tratar de algo relativo à Gisele, pois estranhou o fato de as duas voltarem tão cedo da pracinha.

— Aconteceu algum problema com Gisele?

— Se eu lhe contar, a senhora não vai acreditar! Fui até a praça e encontrei Luciano observando a Gigi à distância. Tive de me aproximar porque não consegui me convencer de que era ele. Podia imaginá-lo em qualquer lugar, menos aqui.

A mãe de Rosana logo entendeu o motivo de tanta aflição. Para descontrair um pouco, brincou:

— Ah! Vocês se falaram? Me diz, ele continua bonitão?

Só então Rosana voltou-se para a mãe e respondeu:

— Mãe, eu aqui enfurecida e a senhora vem brincar com isso também!

– Filha, a tua fúria não vai resolver nada – afirmou Teresa, ainda com um sorriso nos lábios.

– Talvez não resolva mesmo, mas ele já está sabendo que eu o quero longe da Gigi.

– Agora posso entender o que se passou. Posso até ver a cena. Viste o pai da menina a observando de longe, ficaste indignada porque a teu ver nem a isso ele tem direito... Falaste com ele como se a guria pertencesse só a ti e vieste embora com ela, deixando a pobrezinha assustada, sem entender nada do que se passava, trazendo-a para casa quando ela podia continuar brincando.

– Ora... e o que mais eu poderia fazer? Fiquei aterrorizada ao vê-lo ali. Foi um susto enorme...

– ... e afastaste a menina como se uma fera perigosa estivesse à espreita?

– Sim, mãe, foi isso que eu fiz e vou fazer sempre que puder – afirmou Rosana, incisiva.

– Achas mesmo que vais conseguir afastar Luciano da filha se ele estiver decidido a conhecê-la? Tens a pretensão de evitar isso?

Rosana sabia onde a mãe queria chegar. Trazia a realidade até ela. Por certo não tinha como evitar que isto acontecesse. Conhecia a perseverança e a tenacidade dele em conseguir seus objetivos, por mais difíceis que lhe parecessem. Ela, porém, não achava justa aquela aproximação. A seu ver, seria bem melhor que a pequena continuasse se conformando com o fato de que o pai vivia num lugar muito distante, havia se separado da mãe antes de ela nascer e há muito tempo não se tinha notícias dele. Na mente infantil, essa informação nunca fora suficiente. Gisele naturalmente tinha a esperança de um dia conhecer o pai e tê-lo perto de si, como acontecia com as meninas de sua idade. Apenas evitava falar nisso, pois sabia que a mãe ficava triste. Rosana sempre desviava do assunto quando possível. Era uma situação difícil e desagradável, mas, se ela pudesse escolher, preferia que continuasse daquela forma. Seu ressentimento com Luciano era grande demais para que ela aceitasse algo diferente.

Foi pensando na pergunta que a genitora lhe fez que ela, por sua vez, inquiriu:

— Mãe, se fosse com a senhora, como teria agido? Não teria saído de lá às pressas com seu tesouro mais precioso?

Teresa, com o ar brejeiro de sempre, declarou com segurança:

— Sinceramente, teria ignorado a presença dele. Nem teria me dado o trabalho de ir lá discutir, mandar embora e dizer que a guria é só minha. Por vezes, os gestos falam mais que as palavras. Eu ia fazer que não tinha visto, ia chegar bem perto da Gigi, ficar lá brincando com ela por um bom tempo. Ele ia ver e entender muito bem o recado. Duvido que ele tivesse coragem de se aproximar. Se tu ficares dizendo para ele não insistir, vais dar mais motivo para o rapaz continuar querendo se aproximar.

— Mãe, a senhora sabe que eu não tenho esse sangue-frio. É fácil dizer, difícil é fazer.

— Continuo achando que o bonitão vai querer conhecer a filha. Só deve estar confuso, sem saber ao certo como agir. Para ele também deve ter sido um susto te ver por lá. Luciano não é de agir às escondidas. Sinceramente, deves pensar muito bem em como te portar para não provocar sofrimento na nossa querida.

— Foi o que eu disse para ele, que não se precipite para não piorar a situação.

– E o conselho vale para ti também, filha! – acentuou Teresa com acerto. – Não fica pensando somente em mágoas e rancores. O que ele fez foi muito grave. Nunca esperei isso de Luciano, que sempre me pareceu ser pessoa de boa índole. Ele se deixou influenciar pela ilusão da fama, da possibilidade de uma carreira de sucesso e riqueza. Ele se enganou pensando que tu pudesses querer te aproveitar da situação com uma gravidez indesejada.

– Mãe! – exclamou Rosana. – Ele me tratou como se eu fosse mais uma das aproveitadoras que o cercavam na época. Isso eu não consigo perdoar.

Rosana buscava o aconchego nos braços da mãe. Silenciaram por alguns instantes. O silêncio foi quebrado pela voz de Gisele, que, de longe, chamou pela mãe. Teresa serenamente opinou, faceando a interlocutora:

– A meu ver, os dois bonitões vão ter de conversar com muita calma, buscando a melhor solução. Não é justo punir alguém que nada tem a ver com os desacertos e enganos que dois adultos cometeram. Gigi não deve responder por isso e é nela que vocês têm de pensar, procurando deixar as mágoas de lado.

– Mãe... já falei que não consigo, nunca vou conseguir fazer isso!

– Tu falas assim porque não sabes o quanto uma mãe é capaz de renunciar quando ama verdadeiramente seus filhos. Somos capazes de passar por cima de muita coisa se isso servir para a felicidade deles, podes ter certeza, Rosana. A pior ofensa perde a importância se for para ver um sorriso, um brilho especial nos olhos de alguém que trouxemos ao mundo. Considera isso antes de se desgastar inutilmente tentando evitar algo que cedo ou tarde acontecerá.

Rosana se levantou e foi ver do que Gigi precisava. Teresa, por sua vez, permaneceu pensativa. Sabia que um grande desafio se impunha à jovem mãe. No entanto, sempre procuraria encorajá-la a encontrar a decisão mais prudente e acertada.

Não tardou, porém, a sair ao encontro dos colegas do coral que se apresentariam em evento beneficente. Momentos assim sempre faziam bem à senhora sexagenária que, apesar dos muitos percalços, nunca perdera o ânimo de viver nem o gosto pela vida. Era este otimismo que procurava demonstrar à filha, sempre impetuosa e impaciente. Muito admirava suas qualidades. Rosana tinha muita fibra e uma vontade férrea para conseguir o que queria. No entanto, por vezes, deixava-se guiar pelos impulsos, como acontecera naquela tarde na praça. No íntimo, Teresa compreendia a atitude intempestiva com a intenção de proteger Gisele da figura paterna. Mas entendia também que Rosana não deveria alimentar a ilusão de adiar indefinidamente um provável e talvez até necessário encontro entre a pequena e seu pai. Por mais desagradável que a ideia pudesse parecer, nada havia de mal em dar a ele uma oportunidade de pouco a pouco conquistar a confiança e o afeto de Gigi, pondo fim a uma série de enganos.

Naquela noite, Rosana demorou muito a conciliar o sono. A cena se repetia em sua mente. E se a mãe tivesse razão? E se a sua insistência em manter Luciano afastado servisse apenas para encorajá-lo ainda mais a se aproximar? Era bem possível que assim fosse. Onde estaria ele agora? Estaria morando novamente em Porto Alegre ou apenas de passagem? E como havia descoberto o paradeiro de Gisele, que ainda bebê havia saído do bairro onde nascera e onde seus pais cresceram? Certamente, ele tinha meios para descobrir isso e de fato conseguiu, avaliou Rosana.

Ela se revirava no leito cada vez que se lembrava da expressão no rosto dele, entre espantado e aflito por ser pego de surpresa. Havia quanto tempo que andava à espreita da filha? Pensando bem, algo nele havia se modificado. Em outros tempos, Luciano teria agido de forma mais espontânea e às claras. Sua atitude demonstrava vergonha e algum arrependimento, como se não soubesse mesmo como agir. No momento em que falou com o rapaz, Rosana estava tão irritada que não percebeu que ele não tinha mais aquele olhar altivo e desafiador de outros tempos. Sim, ela quis se impor de imediato sem dar-lhe chance de se manifestar. Nem mesmo o olhar súplice, quando lhe sugeriu que saíssem dali e fossem conversar em outro lugar reservado fez com ela se acalmasse. Todavia, o Luciano que conhecera não seria capaz de pedir, de suplicar. Não, ele simplesmente controlava a situação para que tudo acontecesse à sua maneira.

Ali, sozinha, rememorando os lances do dia, Rosana se perguntava ainda o quanto os fatos que sucederam na vida do homem que foi seu grande amor poderiam ter influenciado em sua mudança de conduta. Conhecera-o ainda menino e sempre eram vistos juntos nas brincadeiras, em festas e viagens. Ela era presença constante na torcida pelo time dele. Luciano, por sua vez, sempre participava de todas as ideias malucas que ela queria executar. E assim, cúmplices e companheiros, tornaram-se namorados e, muito jovens, não descartavam a possibilidade de uma vida conjugal futura.

Rosana acompanhou a carreira dele no futebol desde o início. Com o passar do tempo surgiram propostas melhores e ele foi requisitado por times maiores e passou a trilhar exitosa carreira, sendo reconhecido por seu talento. Contudo, naquela época, começaram os problemas. Luciano parecia distanciar-se de suas origens, esquecendo muito rapidamente o meio em que vivera, ofuscado pelo brilho do sucesso repentino.

Mesmo advertida por outras pessoas, Rosana recusava-se a ver as mudanças no companheiro. E seguiu com ele por um bom tempo, até que a gravidez indesejada e a indecente proposta do aborto fizeram com que ela, contrafeita e ofendida, se separasse definitivamente dele e da sua família.

A partir daí, todas as notícias que soube de Luciano chegaram por meio de terceiros ou da imprensa. Foi assim que soube da grave lesão que o afastou dos campos por vários meses, quando estava no auge da carreira. E foi pela imprensa também que ficou a par do grave acidente de carro no qual ele se envolveu e quase lhe foi fatal. Por conta de tudo isso, o jogador de sucesso precisou encerrar precocemente suas atividades no futebol profissional.

Ainda assim, Rosana não mais se aproximou. Preferiu ocupar-se mais de sua própria vida, da filha querida, distanciando-se das tristezas e desventuras que atingiam a existência daquele rapaz a quem tanto amara e por quem havia sido profundamente ferida. Haveria muitos para consolá-lo, pensava ela, esquecendo-se de que, nestes momentos, os que eram saudados em instantes de brilho e vitória costumavam ser silenciosamente abandonados à própria sorte. E foi justamente isso o que aconteceu com o outrora badalado talento do futebol.

Desde então, Rosana só voltou a vê-lo naquela tarde, na praça. Luciano continuava a ser um homem bonito e atraente, como lembrou Teresa. Mas um ar de tristeza e desalento marcava sua expressão. Certamente as dores, os tratamentos, as reviravoltas lhe mostraram o que de fato tinha valor na vida.

A madrugada avançava e a jovem mãe seguia em suas conjeturas. Não se arrependia de ter-lhe dito que não precisava de seu remorso e arrependimento para atormentá-la. Por certo ela não deve ter sido a única mulher a quem ele fez uma proposta odiosa. Muitas devem ter aceitado, mas não ela, que jamais aceitaria expulsar de seu ventre um ser inocente, tornar-se uma criminosa porque o pai desertou de sua responsabilidade. Ela não faria isso nunca. Apesar das dificuldades e dos sacrifícios exigidos para educar a pequena, Rosana não se arrependia da decisão que tomara e que lhe havia garantido a vida.

Já Luciano, a seu ver, não cometera apenas um equívoco. O seu erro foi muito mais grave, porque pôs em risco a vida daquela graciosa menina que ele agora admirava de longe. Era isso que fazia com que Rosana mantivesse a decisão já comunicada naquela tarde.

Um dia, talvez, ela pudesse desenvolver em si aquele sentimento abnegado e generoso que as verdadeiras mães têm por seus filhos, aquele amor poderoso que tudo esquece, tudo perdoa, tudo releva, até mesmo a ofensa mais grave. Contudo, no momento, a ferida ainda lhe doía muito.

Só bem mais tarde, Rosana conseguiu dormir. No outro dia, ao levantar-se, deparou com o sorriso da filha, animada e bem-disposta já nas primeiras horas do dia. Ela, ainda sonolenta, não tardou a descobrir o motivo do bem-estar de Gisele. Logo a menina lhe contou o bonito sonho que tivera. Um homem muito bonito, sorridente e carinhoso a embalava na praça. Ela ria muito durante o sonho, que parecia nem ser um sonho, dizia ela com acerto.

Na mesa do café da manhã, Teresa e Rosana se entreolharam sem nada dizer. Somente quando a pequena saiu para brincar é que a avó comentou:

– Viste? Se encontraram... ele veio em espírito ver a filha ou então ela foi até ele! Enfim, os dois estiveram juntos esta noite!

– Ah, mãe! – exclamou Rosana, descontente. – Não acredito nisso! É tudo fruto da imaginação dela, apenas isso!

Saiu sem nada mais comentar sobre o episódio. Teresa, com sua experiência, sabia que, mesmo a despeito da vontade da filha, cedo ou tarde o encontro tão adiado iria se concretizar.

capítulo cinco

Atendimento na vida maior

Decorridos alguns dias, retornamos ao Centro Espírita Veredas da Luz. Desta vez, porém, encontrava-me na companhia de Damiano, instrutor espiritual e grande amigo com quem muito tenho aprendido. Fomos verificar o atendimento levado a efeito naquele posto de socorro a uma entidade espiritual que havia muito sofria em consequência de seus próprios atos, que terminaram por conduzi-la à autodestruição.

Damiano conhecia profundamente o drama daquela mulher, desencarnada ainda muito jovem e que pusera fim a uma existência bastante atribulada ao procurar o que considerou ser uma solução para grave problema.

Seu nome era Gláucia e havia sido socorrida por prestimosa equipe do Centro Espírita Veredas da Luz. Ali chegara completamente perdida e desorientada. Muito aturdida, demorou a identificar as pessoas que a cercavam como entidades amigas e não mais os perversos companheiros dos quais se cercara nos últimos tempos. Estes não estavam mais lá. Não a seguiam mais. Nem ela mesma sabia dizer que força era aquela que parecia arrastá-la para aquele lugar desconhecido. Não imaginava que pudesse ser a força do bem e dos corações generosos e piedosos que a envolviam em prece naquele momento.

A sofrida mulher, até então, não se via assim. Acreditava-se bela e influente, como de fato havia sido na mais recente encarnação. Prevalecia em sua mente a imagem daquela que apenas pedia e logo tinha suas solicitações prontamente atendidas. Havia aprendido a dominar, mas não percebia que se deixara dominar por outras mentes ainda mais perversas, que a utilizavam para pôr em prática seus maus propósitos.

Gláucia estava em convalescença. Ainda não se restabelecera plenamente. Aos poucos, a memória dos fatos passados retornava. Ela precisaria ainda de um longo tratamento que prosseguiria na Colônia Redenção.

Mesmo assim, sua aparência estava bem melhor do que no dia em que entrou no Centro Espírita em profundo estado de desequilíbrio emocional. Naquele instante era a companhia espiritual de Luciano, que, por sua vez, ressentia-se da ação nefasta manifestando, inicialmente, a mesma estranheza e o mesmo mal-estar por ir àquela casa de caridade. O rapaz perguntava-se se havia mesmo agido com acerto ao aceitar o convite de um amigo para ali comparecer. Quando entrou, sentiu uma inexplicável vontade de retroceder e tomar o rumo de casa. Sua mente estava tão agitada que pouco registrou do comentário que o expositor fez. Ao sair dali, porém, outra sensação o envolveu: de paz, leveza e esperança em dias melhores.

Foi naquele preciso instante que Gláucia foi encaminhada para uma das dependências do Centro Espírita especializada no atendimento aos suicidas, onde permanecia até o momento.

Ainda não havia percebido a nossa presença quando Damiano expôs seu ponto de vista sobre o caso dela:

— Lamento ver minha amiga neste estado, mas sei que ela já passou por momentos piores. Felizmente, decidiu ficar e se submeter ao tratamento que a libertou da tenaz influência de obsessores que só agravam sua já delicada situação. Tenho plena certeza de que agora ela se aproxima cada vez mais do caminho do reajustamento definitivo.

Ao finalizar a frase, Damiano aproximou-se da jovem que estava sentada em seu leito. Ao reconhecê-lo, ela nada disse. Apenas abraçou-se a ele e chorou emocionada. O amigo permaneceu acolhendo-a nos braços até que ela se refizesse da emoção. Gláucia, ainda com a fisionomia um tanto desfigurada pela agrura a qual passara, confidenciou ao seu afeto:

— Não sei bem o que se passa comigo, Damiano. Sei que este é um lugar muito bom, as pessoas estão me tratando com um carinho que eu nem imaginava existir deste lado da vida, pois, desde que percebi que tudo tinha se acabado, só conheci sofrimento, desolação e desespero. E por aqui parece que não existe nada disso. Sinto-me protegida, ainda mais agora que você está aqui.

Damiano, sorridente ao saber das impressões da amiga, redarguiu:

— É uma enorme alegria poder ouvir isso de você, Gláucia. No entanto, não guarde a falsa ideia de que tudo se acabou, pois a vida não cessa nunca.

— Ah, Damiano! Por quantos lugares andei, por quantos cenários tristes passei até chegar aqui! Alguém deve ter me ajudado sem que eu soubesse. Foi você?

— Sim, minha querida, eu tenho acompanhado tudo o que lhe sucedeu e tenho orado muito por você e por sua recuperação.

Mas não sou o único a fazer isso. Muitos dos seus amigos têm feito o mesmo.

Gláucia riu do comentário. Ficou surpresa com o que ouviu e afirmou:

— Como pode ser possível se nenhum daqueles que conheci se lembrava de fazer uma oração que fosse? Acho que nunca aprenderam nenhuma, nem as mais conhecidas — ironizou.

— Você tem razão — confirmou Damiano. — Entretanto, devo lhe dizer que muitas dessas pessoas alteraram muito suas concepções materialistas depois do que lhe aconteceu.

— Sim, eu sei. Lembro-me que desisti da viagem antes de terminar! Ah! Sinto-me incomodada em lembrar isso — concluiu com um tom pesaroso na voz, enquanto se aconchegava novamente nos braços de Damiano.

— Não precisamos conversar sobre isso agora, minha querida. Para mim, já é suficiente vê-la mais confiante no seu restabelecimento. Conte sempre conosco porque todos nós estamos aqui para apoiá-la e vamos comemorar com você o bom resultado de seus esforços.

O amigo beijou-lhe a face carinhosamente e logo voltou para onde eu me encontrava, acompanhando sem interferir. Era evidente que o encontro fizera bem tanto a Gláucia quanto ao meu amigo, que saiu dali com ânimo renovado, agradecido a Deus por finalmente poder vê-la em melhores condições.

Ela nascera em um lar pleno de facilidades e fartura, o que lhe garantia o acesso a todas as extravagâncias. Seu pai, aficionado por futebol, era um dos investidores do clube no qual Luciano começava a despontar como jogador. Logo nasceu entre os dois uma profunda atração que mesclava interesse, prazer físico e vantagens financeiras. Gláucia, apesar das advertências do pai, insistiu em levar adiante o relacionamento. E a decisão acabou por conduzi-la a caminhos bastante tortuosos e a um desfecho inesperado.

Caminhávamos agora, eu e meu amigo, por uma alameda florida que dava acesso a formoso lago, margeando o jardim. Dirigia-me à minha sala de estudos enquanto ouvia, atento, as considerações do instrutor:

– É curioso, Fernando. Venho acompanhando vários casos semelhantes aos de Gláucia. Em comum, a sensação ilusória que o conforto material costuma oferecer: a de que podemos dispor das coisas e das pessoas da maneira que melhor nos aprouver, a nosso bel-prazer, como se elas não mais usufruíssem a liberdade de se conduzirem por si mesmas e devessem estar continuamente a serviço de nossas necessidades e nossos desejos. É uma falsa segurança da qual muitos despertam aturdidos, confusos e seriamente magoados.

– E isso aconteceu também com Gláucia e Luciano – concluí.

Damiano fez uma pausa e olhou para o lago que projetava a luz do ambiente, trazendo-nos uma agradável sensação de paz. Novamente, tornou a me dirigir o olhar, falando com a conhecida tranquilidade:

– Sim, Fernando. Eu lembro bem de como tudo começou. Ainda acompanhava minha jovem e imatura amiga na jornada terrena e vi com preocupação quando ela passou a manifestar desmedido interesse pelo atleta que despontava no time de simpatia de sua poderosa e influente família. Ele, por sua vez, bastante envaidecido, buscando mais vantagens na sua sede de ascensão social, viu na jovem uma oportunidade de se firmar. Afinal, deve ter pensado que, se tantos faziam isso, por que não poderia acontecer com ele também?

– Devo presumir, pelo que você me conta, que muitas das aflições que Luciano enfrenta agora são resultado não apenas de suas decisões em relação a Gisele e sua mãe. Ele, por certo, em seus tempos de fama, acabou por se envolver com outras pessoas, causando-lhes dificuldades bastante sérias.

Voltamos a caminhar, a passos lentos, em direção ao edifício para o qual me dirigia. Damiano pôs a mão amistosamente em meu ombro e prosseguiu:

– Luciano propôs a Gláucia o mesmo que propôs a Rosana quando soube que seria pai. Rosana recusou e não interrompeu a gravidez. Gláucia, no entanto, procurou uma clínica ilegal para fazer o aborto e acabou desencarnando em tristes condições por decorrência de infecção generalizada. Quando despertou na vida espiritual em dolorosa situação, passou a atribuir a Luciano a causa de seus padecimentos, e não tardou a persegui-lo e ameaçá-lo. Gláucia recusava o socorro dos mais experientes benfeitores. Tomou-se de violento ódio pelo homem que antes dizia amar. Quando os homens propõem o aborto a uma mulher não imaginam o mal que estão semeando, não apenas no próprio caminho, mas também no caminho de tantos outros! Tudo fruto de uma educação e de uma mentalidade materialista que governa nossa sociedade e tem levado a imensos desastres morais ao longo dos tempos!

Damiano concluiu a narrativa imprimindo muita emoção na voz. Era como se lhe retornassem à mente os tempos nos quais tentara de alguma maneira auxiliar a amiga em seus enganos, porém, se visse impedido, certamente porque o esforço, naquele momento, seria em vão. A dolorosa experiência estava servindo agora para que Gláucia percebesse, pouco a pouco, a grandiosidade da vida e por que devemos respeitá-la e preservá-la. O mesmo ocorria a Luciano, que, apesar de não ter consciência clara de que era o espírito de sua antiga amante que o atormentara durante algum tempo, cobrando-o pela grave falta cometida, passava também a ver o quanto era necessário conduzirmo-nos com mais responsabilidade e respeito em nossas relações afetivas.

Ao entrarmos no mesmo prédio, já que meu amigo se dirigia a outra ala, despedimo-nos. Agradeci a atenção que me foi concedida e ele me garantiu, entusiasmado, que continuaria a me fornecer outras informações necessárias para a melhor compreensão do caso.

Ao voltar à minha sala de estudos, comecei a observar, pela janela, o ritmo apressado com que Cristiana, mãe de Tarsila, movimentava-se em meio a pequeno grupo de amigos. Instantaneamente, lembrei-me de nossa pequena e graciosa menina e, em ato contínuo, me propus a visitá-la tão logo concluísse minhas tarefas na Colônia Redenção.

capítulo **seis**

Akira

Sentada na sala, Tarsila deixava que Luzia, a jovem que cuidava dela desde o seu nascimento, terminasse a trança em seus longos cabelos negros. Revelava impaciência na maneira inquieta em que manuseava o pequeno urso de pelúcia que ganhara de Akira no último dia de aula. Pepito estava sendo sovado por ela. Em certo momento, expressou sua inquietação:

– Falta muito ainda? Daqui a pouco o tio Álvaro vai chegar!

– Fica quieta, menina – ralhou Luzia. – Não paras de te mexer; deste jeito não consigo terminar!

– Será que o tio vai me levar para ver o pôr do sol no Guaíba? Ele sabe que eu gosto.

Luzia imediatamente lembrou-se da mãe de Tarsila, que sempre falava daquela forma. Naquele ambiente, era mais do que a pessoa contratada para cuidar da casa de Fábio e da filha dele. Costumava ir além do próprio dever, pois acompanhava a existência da menina desde o início da gestação de Cristiana.

Muitas vezes, a acompanhara em seus passeios com o esposo justamente no local referido pela pequena. Opinou:

– Acho que sim... teu tio também gosta muito de ver a paisagem nessa hora do dia! Mas antes vai te levar a outros lugares, pelo que me disse ontem. Pronto! Já terminei a trança! Vê como ficou!

Tarsila foi ver o resultado no espelho e, satisfeita, deu um agradecido abraço na sorridente Luzia.

Logo Álvaro chegou para levá-la ao tão aguardado passeio. Mostrou-lhe muitos recantos agradáveis da capital, lugares que conhecera e muito apreciara na sua infância. Dirigiram-se também a outros tantos pontos preferidos por Tarsila e, enquanto iam em direção ao Mercado Público de Porto Alegre, encontraram com Akira e sua tia, irmã de Mitiê. As duas crianças se abraçaram saudosas, e Tarsila, com sua espontaneidade, foi logo apresentando o amigo:

– Tio, este é meu amigo...

– Sim, aquele que lhe deu o urso de pelúcia, o Pepito! – completou com largo sorriso.

– Pensei que já estivesses no Japão, Akira! Os avós dele moram lá, tio!

– Vamos partir para Hokkaido daqui a três dias, Tarsila! – comentou a tia do menino. – É uma longa viagem e estamos terminando de comprar algumas coisas que queremos levar. Estamos indo para o mercado, sabes que Akira gosta de ir lá.

Todos se despediram afetuosamente e seguiram em rumos opostos.

Alguns instantes depois, Álvaro notou uma leve mudança na expressão da sobrinha, antes tão espontânea e alegre. Ela se calou repentinamente e parecia distante dos comentários que ele fazia enquanto caminhava. O movimento no mercado e nas ruas adjacentes era intenso naqueles dias que antecediam o Natal. Em dado momento, Tarsila afirmou com admirável segurança:

– Acho que o Akira não devia ir ao mercado hoje, tio!

– Por quê? – estranhou Álvaro. – A tia disse que ele gosta de ir lá.

– Mas hoje ele não devia ir – reforçou Tarsila.

A seguir, mudou de assunto e não comentou mais nada a respeito do amigo que se preparava para viajar. Na hora, Álvaro não deu muita atenção ao sucedido e continuou mostrando à sobrinha os diversos atrativos da capital porto-alegrense.

A tarde passou célere e foi divertida para ambos. Quando o sol se punha de maneira deslumbrante às margens do Guaíba, Tarsila estava sentada ao lado do tio, a quem tanto amava, recostada em seu peito. Estavam os dois em silêncio, quando, de repente, ela lhe fez uma confidência:

– Tio, tu sabes que a mamãe se foi... mas ela continua a nos visitar sempre que pode?

Álvaro ouviu a declaração emocionado e perguntou:

– Como isso acontece?

– Tu não sabes, tio? Ela também te visita? – perguntou a menina, faceando o interlocutor.

Por certo, Álvaro havia, sim, em diversos momentos, captado a presença da querida amiga Cristiana perto de si. Tocava-o profundamente saber que de fato ela continuava a estreitar laços de afeto com a filhinha de maneira dócil e natural para ambas. Depois de alguns instantes, revelou:

– Eu sei do que tu falas, minha querida! Por vezes sinto a presença de tua mãezinha e isto me traz grande alegria.

Tarsila o abraçou. Como era bom ouvir alguém confirmar algo que tantas outras pessoas negavam ou viam com desconfiança. Conversava com a mãezinha, eram encontros sublimes que, agora sabia, eram partilhados por Álvaro. E quis saber mais:

– Como isso pode acontecer, tio? Quando mamãe estava doente, ela me disse que eu não ficasse triste quando ela partisse, porque as pessoas saem do mundo, mas continuam existindo. Assim que pudesse ela viria me ver, porque nunca ia se esquecer de nós. Agora entendo. Mas não sei por que os outros se assustam quando digo que ainda converso com ela. Ainda bem que tu me entendes, tio! – concluiu abraçando-o ternamente.

No horizonte, o sol, como uma brasa viva, parecia mergulhar nas águas do Guaíba, tal como a noite sucede o dia para novamente dar início a outro dia. São as etapas da natureza, as etapas da vida triunfando sobre a morte, meditou ele intimamente. Só então rompeu o silêncio empregando um tom tranquilo à voz, enquanto acarinhava suavemente os cabelos da sobrinha:

– As pessoas não entendem que seja assim, minha querida! Pensam que a morte leva para sempre as pessoas que amamos, como se elas deixassem de existir porque não estão mais perto de nós. Mais tarde, quem sabe, pensarão e entenderão de outra forma. Devemos respeitar a maneira de elas pensarem para podermos conviver bem mesmo com aqueles que não entendem a vida como nós! Fico feliz em saber que Cristiana vem até ti, minha querida, assim como vem até mim. Nós percebemos isso, mas nem todos percebem.

– E por que é assim, tio? Por que uns percebem a presença das pessoas que já partiram e outros não?

– Porque somos diferentes nas habilidades que desenvolvemos. Cada um tem uma sensibilidade diferente para sentir a presença dos espíritos como sua mãe. Com o tempo, vais conhecer outros que possuem esta capacidade mais desenvolvida, assim como continuarás a conhecer outros que dizem nada sentir, nada perceber, e que vão continuar negando que isso é possível, minha querida! Apenas ouça e respeite a opinião. Como eu te disse, há várias maneiras de se entender a vida e os fatos que ela apresenta.

Tarsila voltou do passeio feliz por ter no tio mais um amigo em quem podia confiar e contar sobre os contatos mediúnicos com Cristiana. Aquele foi um dia especial que não mais se apagaria de sua memória.

Já era quase hora do jantar quando eles finalmente regressaram. Paulo e Fábio os aguardavam com certo ar de preocupação, que tentaram disfarçar diante de Tarsila.

Todavia, Álvaro, observador atento, notou que algo grave havia acontecido. Depois do jantar, quando a menina se retirou para brincar no quarto, ele foi informado do que sucedera: a mãe de Akira havia telefonado desesperada em busca de notícias do filho, que havia desaparecido naquela manhã. Havia se perdido da tia enquanto faziam compras no mercado público. Até o fim da tarde não haviam conseguido localizá-lo, e todos estavam bastante apreensivos.

Só então Álvaro se lembrou da estranha impressão que Tarsila sentiu ao rever o amiguinho naquele mesmo dia: ele não deveria seguir até o mercado. No seu entendimento, a sobrinha havia tido um pressentimento do que ocorreria logo a seguir. Lembrou-se do risonho Akira ao lado da tia, bastante animado, conversando com a colega e amiga, contando sobre sua viagem ao Japão. Por certo, sua família devia estar desesperada com a situação.

Decidiram não contar a Tarsila sobre o acontecido. Álvaro, antes de adormecer, fez uma prece pelo menino e por sua família, ato que muito auxiliou no socorro que seria levado a efeito naquela noite, com a participação de Tarsila, Cristiana e do protetor espiritual do menino.

Já era noite alta quando Akira, cansado de vagar e perdido pelas ruas do centro da cidade, acomodou-se na porta de uma loja. Estava com fome, frio e muito medo. De uma hora para a outra, viu-se afastado da tia em meio à multidão que lotava o mercado nos dias que antecediam o Natal. Distraíra-se por breves instantes e, quando retornou, a tia não mais estava na banca onde havia ido escolher alguns produtos para a ceia.

Saiu do prédio, tomou um ônibus que pensou que pudesse conduzi-lo de volta à casa, mas foi parar bem longe de onde morava. Quis telefonar, mas não se lembrava do número do telefone com precisão. Quanto mais as horas passavam, mais a tensão aumentava. Akira não conhecia as ruas por onde passava e vagou perdido por muito tempo até finalmente parar em um lugar que lhe pareceu mais seguro.

Adormeceu, apesar do frio e da fome. Fora do corpo, pôde identificar a figura da amiga Tarsila. Esta lhe transmitiu um recado. Ele deveria caminhar mais um pouco até encontrar um restaurante japonês que sua família costumava frequentar, pois o proprietário conhecia seus pais. Ela o encorajava a seguir, logo encontraria o caminho de volta.

Akira acordou. Caminhou mais algumas quadras. Guardava nítida lembrança de ter falado com Tarsila, que transmitiu fielmente as orientações recebidas das entidades que queriam socorrê-lo. De fato, pouco depois ele estava diante do restaurante do amigo de seu pai. Ali foi imediatamente reconhecido e logo a família foi comunicada, chegando em seguida. Para alívio de todos, apesar do grande susto, do sofrimento e da preocupação, tudo havia acabado bem.

No outro dia, durante o café da manhã, Tarsila contou o sonho ao pai e ao tio:

– Hoje eu sonhei com o Akira... ele estava assustado, chorando! Eu disse para ele não ter medo... mandei que ele fosse em um restaurante... acho que estava com fome! – E riu, achando graça da situação.

Álvaro e Fábio se entreolharam sem nada dizer. Não demorou muito e o telefone tocou. Era Mitiê avisando que o filho havia sido encontrado.

Tarsila logo saiu com Luzia. Os dois irmãos ficaram sozinhos, bastante intrigados com o que a pequena havia contado. Álvaro comentou:

– Ela pressentiu o que iria acontecer ao amigo e por uma estreita afinidade com ele foi socorrê-lo, mesmo sem ter consciência do que estava se passando, pois ninguém lhe falou nada sobre o desaparecimento do menino. Comunicou-se com ele durante o sonho. Deve haver uma ligação muito forte entre essas duas crianças, Fábio; uma amizade bastante antiga deve uni-los desde existências anteriores.

Fábio respondeu contrafeito:

– Não me venha com suas suposições, Álvaro! Há muito tempo já desisti de conversar contigo a respeito disso. És livre para pensar o que quiseres, mas não venha querer que eu compartilhe destas ideias a respeito de reencarnação e comunicação com os espíritos. Nada disso me convence. Com licença, tenho de tratar de assuntos urgentes deste nosso mundo cheio de conflitos. Tenha um bom dia!

Levantou-se e saiu apressado para a empresa de informática que dirigia. Álvaro ficou pensativo. Sentia-se feliz por ter outra compreensão da vida, uma concepção que o deixava encantado e grato a Deus, que sempre encontra infinitas maneiras de socorrer a todas as suas criaturas. Lembrou-se então de que precisava visitar um grande amigo, alguém que não via fazia anos. Certamente o momento era apropriado para um reencontro.

Carolina acabava de colocar os lençóis no varal, aproveitando o lindo dia de sol, quando ouviu o toque da campainha.

Ao se dirigir ao portão da casa, onde um moço alto e claro aguardava, demorou um pouco a reconhecê-lo. Fazia alguns anos que não o via. Recordava-se de um rapaz franzino e bastante tímido, não aquela pessoa expansiva que logo abriu um largo sorriso ao vê-la e, com ar extrovertido, saudou-a alegremente:

– Bom dia, dona Carolina. Como tem passado? Sou o Álvaro, te lembras de mim?

O sol estava contra seu rosto, fazendo com que ela pusesse a mão em concha sobre os olhos para enxergá-lo melhor. Ao aproximar-se se recordou de Álvaro, amigo de seu esposo, Genaro, que já havia alguns anos não mais morava em Porto Alegre.

– Sim, Álvaro, lembro-me de ti! Entra e seja bem-vindo mais uma vez! – exclamou, abrindo o portão.

Ele a abraçou e perguntou por Genaro, ao que ela avisou que ele não estava, mas não tardaria a retornar. Foi convidado a esperar na sala.

Ao entrar na casa, o visitante sentiu o aroma das flores frescas recém-colhidas do jardim, recendendo agradavelmente. Pôde então recordar do quanto se sentia bem toda vez que visitava o amigo Genaro em sua simples, mas acolhedora morada. Da última vez que havia estado ali, chegara tomado por profunda prostração e desencanto com a vida. O amigo o ouvira pacientemente e, quando percebeu que dera vazão a todos os sentimentos que o atormentavam naqueles dias tristes que abalaram sua família – na ocasião do desenlace de Cristiana –, falou calma e ponderadamente, trazendo-o à razão e infundindo-lhe novas esperanças e confiança na justiça do Criador.

Ao ouvi-lo, Álvaro deixou de acusar Deus pela crueldade de afastar tão cedo uma mãe de sua filhinha tão pequena e do esposo a quem adorava. E, por mais dolorosa que fosse a separação de sua querida amiga, não veria mais isso como algo inalterável. Cristiana passava agora para uma outra esfera, onde certamente viveria liberta de todas as mazelas que a fizeram sofrer nos últimos anos. Não mais a doença extinguiria suas forças. Haveria agora de estar em um plano mais feliz por todas as boas realizações que deixara em sua breve passagem pela Terra. E cabia a ele também dar curso às suas experiências no plano terrestre, obedecendo aos compromissos assumidos com coragem e disposição.

Enquanto sorvia o delicioso café oferecido pela anfitriã, Álvaro rememorava os tempos felizes em que conhecera o casal. Em meio à conversa informal, Carolina, com acurada sensibilidade, percebeu que poderia colaborar no assunto que havia levado o rapaz novamente à sua residência, então comentou:

– Não me leve a mal, Álvaro! Não sei qual assunto te traz até aqui em busca de Genaro, mas algo me diz que não é apenas uma visita cordial. Talvez estejas contando com a cooperação dele em alguma coisa...

— Sim, dona Carolina — anuiu o rapaz. — Gostaria muito de conversar com alguém sobre os fatos que estão acontecendo com minha sobrinha de sete anos, a Tarsila.

— Eu sei, a filha de Fábio e Cristiana.

— Exatamente! Ontem conversei muito com ela. Fiquei sabendo, ou melhor, ela me confirmou que de fato tem conversado com o espírito da mãe. Sentiu-se confortada, a pobrezinha, ao ver que eu acreditava em suas visões e não me atemorizava. Ainda assim, não me sinto capacitado para orientá-la. Dona Carolina, Tarsila também pressente os fatos. Intuiu que um amiguinho corria perigo e ajudou a socorrê-lo mesmo sem saber do que lhe tinha ocorrido. Isso me deixou bastante intrigado. Contudo, o que mais me preocupa é que nem sempre estarei por perto. A senhora sabe que não moro nem trabalho mais aqui. Vivo na Serra há muitos anos e vim passar apenas alguns dias de férias com minha família...

— Isso não vai te impedir de ajudá-la sempre que ela precisar, Álvaro — afirmou Carolina com segurança.

— Como assim, não seria melhor eu estar por perto para ajudar com mais proveito?

— As mentes que se afinizam comunicam-se à distância. Somos capazes de nos auxiliar mutuamente vencendo as barreiras físicas pelos laços do legítimo afeto. Ela sempre terá em ti uma figura em que sabe que poderá confiar, apesar da distância que os separa. Pense bem: se ela se comunica com a mãe que está no plano espiritual, não encontrará maneiras de entrar em contato contigo, que, ao menos, está no mesmo plano? — rematou ela com um sorriso.

– A senhora tem razão – concordou. – Ainda assim temo que ela venha a ter problemas com sua faculdade mediúnica se manifestando tão cedo. Nem meu irmão, nem meu pai dão a isso a devida atenção. Não gostaria de vê-la sofrer com a incompreensão alheia.

– Ah, Álvaro, eu sei do que tu falas, meu amigo! Eu mesma passei por experiência semelhante. Desde a infância vejo e converso com os espíritos e isso nunca foi compreendido nem aceito por minha família. Só encontrei alento e esclarecimento para o que acontecia comigo quando comecei a estudar e a frequentar o abençoado Veredas da Luz! Sem isso, talvez estivesse vagando perdida por este mundo, o que não há de acontecer com Tarsila. Vou te dar uma sugestão: experimente acompanhá-la em uma sessão do passe em nosso Centro Espírita. Lá ela será encaminhada ao tratamento mais adequado e se sentirá mais segura. Com o tempo, quem sabe, ela poderá frequentar a Evangelização. Ali existem outras crianças que chegaram até nós porque os pais perceberam que elas possuíam sensibilidade mediúnica. Muitos nos procuraram assustados, preocupados, mas receberam as orientações necessárias, assim como as crianças. Sabes que não é prudente a educação mediúnica nesta fase. Procuramos, no entanto, fazer com que entendam as manifestações dos espíritos de maneira que não lhes infunda temor, nem sirva para brincadeiras. Ali elas se socializam e recebem as primeiras noções sobre a Doutrina Espírita e seus ensinamentos adequados à faixa etária. Pensa bem no convite!

Álvaro ficou animado com a ideia. Por certo isso ajudaria muito Tarsila. Temia, porém, que o pai e o irmão não concordassem e não levassem adiante a tarefa de preparar a menina, oferecendo-lhe elementos para que ela pudesse conhecer pouco a pouco sua capacidade de sentir a presença dos espíritos, sem que isso lhe causasse sobressaltos ou transtornos.

Curiosamente, ele havia ido conversar com o amigo, mas encontrara em Carolina uma pessoa igualmente capaz de esclarecê-lo em suas dúvidas. Quando Genaro chegou ficou surpreso e feliz ao ver a visita que o aguardava. A conversa continuou por mais algumas horas, girando em torno dos mais diversos assuntos, e, quando Álvaro se despediu, levou consigo a certeza de que haveria de encontrar a melhor maneira de auxiliar a sobrinha a conviver bem com a faculdade mediúnica que já despontava.

capítulo **sete**

A surpresa

Naquela manhã, Fábio chegara apressado à empresa. Mal cumprimentara seus colegas e logo se dirigiu à sua sala. Quem o conhecia mais podia afirmar com segurança que ele estava visivelmente transtornado por algo muito sério que devia ter acontecido, já que sempre se esforçava em manter o controle das emoções. Aqueles que conviviam com ele sabiam que Fábio nunca havia sido uma pessoa extrovertida, expansiva. Sempre se caracterizou mais pelo temperamento reservado, pelo modo discreto de ser, destacando-se pelo profissionalismo e extrema competência em tudo o que fazia.

Havia muito se dedicava à empresa de informática que fundara em sociedade com um amigo. O esforço dos dois agora recebia suas compensações. Garantiam cada vez mais espaço no mercado, conquistando a credibilidade e a preferência de muitos clientes, tudo fruto de árduo e persistente trabalho.

Muitos também perceberam o quanto Fábio se dedicava à empresa, principalmente depois da viuvez precoce. A partir daí, passaram a conviver com um chefe e um colega ainda mais ensimesmado, indiferente a tudo que não dissesse respeito ao progresso da empresa. Nunca mais o viram com nenhuma companhia feminina. Era como se a vida tivesse se resumido apenas ao trabalho.

Naquele dia, porém, apesar da disciplina mental que havia muito tinha se imposto, demorou a se concentrar nas tarefas diárias. Estava bastante irritado. Seu irmão tinha o dom de tirá-lo do sério, e fora assim desde a infância. Quantas vezes tivera vontade de continuar a ser filho único, vontade de que Álvaro nunca tivesse vindo ao mundo! Ele, mais uma vez com suas ideias esdrúxulas – segundo sua avaliação –, tinha tido o atrevimento de pedir-lhe permissão para levar Tarsila a um Centro Espírita. Ora, que despropósito, pensava ele, bastante incomodado. Todavia, não adiantava argumentar com o irmão mais novo. Ele sempre arrumava uma maneira de se sair como o herói da história, deixando-o na posição de pessoa incompreensiva, irascível e retrógrada. Sim, invariavelmente era assim, sempre havia sido.

Agora Álvaro queria tomar para si o papel de tio bonzinho, preocupado com a sobrinha, que estava aos cuidados do pai ignorante que não compreendia o que se passava com ela. Levá-la a um Centro Espírita seria uma boa solução. Solução para quê?, indagava-se Fábio. Tarsila estava bem, não precisava de auxílio de quem quer que fosse. Ousadia de Álvaro querer se intrometer em um assunto que não lhe dizia respeito. Tarsila estava passando pela dolorosa experiência de crescer sem a mãe. De certa forma, era natural que criasse a fantasia de falar com ela vez ou outra para se sentir mais segura. Isso haveria de passar à medida que ela crescesse. A seu ver, nada mais do que isso.

E, afinal, indagava-se ainda: O que são Centros Espíritas, para que servem? Certamente, presumiu, deve ser um lugar ao qual as pessoas vão atraídas por promessas de salvação e da existência de uma vida melhor em algum lugar indefinido, onde haverão de se ver livres de seus problemas e suas angústias. Ali deviam se reunir pessoas que buscavam explicações para o que lhes ocorria, pessoas que já se sentiam sem forças para dar rumo à própria vida e se submetiam a aceitar "explicações mirabolantes" sobre a continuidade da vida etc. Cada um com seu gosto, dizia Fábio para si mesmo. No entanto, não achava necessário levar a filha àquele tipo de ambiente que em nada poderia ajudá-la. Até porque uma menina saudável como ela não precisava de ajuda. Ele, como pai, estava provendo e haveria de prover tudo de que ela necessitasse. Centros Espíritas, a seu ver, eram lugares frequentados por pessoas fracas, doentes e supersticiosas. Se Álvaro achava isso bom que continuasse frequentando, que fosse a todos da cidade, se assim o desejasse, mas sem Tarsila.

O desgaste da discussão com Álvaro lhe deixou penosa impressão durante todo o dia. Respondia com irritação à mais simples pergunta e, mais de uma vez, deu a entender o quanto estava distante, com o pensamento longe do assunto que estava sendo tratado.

Quando finalmente regressou para casa, no fim do dia, alimentava a esperança de que o irmão não estivesse mais a esperá-lo. Felizmente, não estava. Nem mesmo a filha estava em casa, pois havia ido visitar Akira para se despedir dele.

À vontade, ele começou a ouvir suas músicas preferidas. Luzia e Tarsila haviam enfeitado a residência com luzes e decoração natalina de bom gosto. A árvore, em um canto da sala, havia sido comprada no primeiro ano de casamento. Recordava com precisão do dia em que ele e a esposa arrumaram-na pela primeira vez. Foi muito divertido! Cristiana sempre com o sorriso encantador a dar inúmeras ideias diferentes para o arranjo da árvore, e Fábio, pouco acostumado a arranjos artísticos, por mais de uma vez quase tombou do alto da escada.

Lembrou-se também da última vez que a esposa, já debilitada pela insidiosa moléstia, ainda assim fez questão de participar da montagem do presépio e da árvore. Com Tarsila bastante animada a correr e alcançar os enfeites para o pai, o três finalizaram a arrumação. A amada esposa, naquela ocasião, com a pequena no colo, entoou bonita canção natalina que falava de amor e esperança. No íntimo, já sabia que não lhe restava muito tempo entre seus afetos. Seria certamente o último Natal que passaria com eles. No entanto, não queria deixar-lhes a imagem da tristeza, do desencanto, do desespero. A doença que a abatia não seria mais forte do que o amor que sentia pelos seus. E, assim, buscava forças em si para enfrentá-la com dignidade.

Fábio adormeceu no sofá, com a mente dominada pelas recordações de Cristiana, que, por sua vez, esperava-o no desdobramento do sono e, com voz cândida e suave, pôs-se a falar:

– Amor, meu amor... sou eu... sim, meu amor, estou aqui para te falar.

Ele demorou um pouco para perceber o que se passava. Provisoriamente liberto da matéria, pôde se ver lado a lado com ela. Sentia os afagos que a amada fazia em seus cabelos, tal como acontecia nos tempos passados.

Emocionado, não conseguia articular palavras. Enlevado, deixou-se acariciar, desejando que o tempo parasse e aquela agradável sensação pudesse se prolongar.

– Querido, entendo tua preocupação com nossa pequena, mas não é justo que te tomes de raiva pelo teu irmão, que só quer ajudá-la. Fábio, nossa Tarsila tem uma bonita tarefa no mundo. Nós, como pais, temos o dever de auxiliá-la, mesmo não estando mais lado a lado como antes. Querido, deixa Álvaro levá-la ao Centro Espírita, não há nada de mau.

Da figura amorosa de Cristiana irradiavam-se sublimes vibrações projetadas à mente e ao coração de Fábio. Este, envolvido nessas vibrações impregnadas de afeto, registrava as orientações do espírito amigo.

– Parti do mundo, mas permaneço atenta aos deveres que me cabe cumprir junto a este ser querido que nos acompanha por várias existências, meu amor. Deixa que ela vá ao Centro Espírita, será muito bom para vocês.

Fábio apenas fitava o rosto amado, emoldurado por luz suave. Quando ela finalmente partiu e ele voltou ao estado de vigília, guardou consigo a profunda impressão de ter estado mais uma vez com a esposa. Uma alegria imensa o invadiu. Não mais sentia o mal-estar que o afligia. Apenas aquela sensação de paz. Era verdade então. Cristiana não os havia abandonado. De algum lugar, desconhecido por ele, continuava a velar com o carinho de sempre.

Dias depois, Álvaro novamente encontrou com Fábio, e estava disposto a insistir na ideia de levar a sobrinha ao Centro Espírita. Estava preparado para mais uma acirrada discussão. Para sua surpresa, entretanto, a pessoa que o ouvira era bem diferente daquela que discutira acaloradamente com ele dias antes, impondo sérias objeções à sua ideia. Fábio apenas fez um sinal com a mão indicando que não era necessário prosseguir com as argumentações. Disse apenas que permitia a ida de Tarsila ao Centro Espírita para tomar o "tal passe", que ele nem sabia bem o que era. Confiava em Álvaro, ele devia saber o que estava fazendo. Para espanto do irmão e de Paulo, que se entreolharam surpresos, apenas levantou-se e saiu sem dizer mais nada.

Os dois nem suspeitaram do que, afinal, poderia ter causado a súbita mudança de atitude. Se pudessem ter testemunhado o bonito encontro, prova de que o amor verdadeiro nunca morre, certamente teriam entendido.

⚜ ⚜ ⚜

Foi no fim de mais um turno de estudos com o instrutor Damiano que pude, mais uma vez, conversar com Cristiana. Caminhávamos lentamente percorrendo a vasta alameda florida em um dos parques da Colônia Redenção. Há muito desejava falar com a jovem mãe que tanto desvelo dedicava à filhinha deixada na Terra. Estava presumindo muito, tinha poucas certezas do que ocorria, e foi em busca de afirmações que me dirigi a ela naquele encontro. Sempre sou muito grato aos vários amigos que compartilham comigo suas vivências. São muito gentis ao fazerem isso, pois proporcionam a reflexão e o aprendizado de outras tantas pessoas acerca dos intrincados processos que envolvem a evolução humana.

Cristiana agia com muita desenvoltura e expressava-se com simpatia e cordialidade. Contou-me sobre suas experiências na encarnação recém-finda, a começar sobre a época em que conheceu os irmãos Álvaro e Fábio.

— Eles sempre foram assim, sempre às turras, mais discordando do que concordando um com outro. São, de fato, muito diferentes. Fábio sempre teve um aguçado senso prático, sempre foi muito objetivo e persistente em tudo o que realizava. Álvaro sempre teve um temperamento mais arrebatado, mais passional e mais idealista, por assim dizer. Eu me afeiçoei tanto a um como a outro. Conheci Álvaro primeiro, pois ele era colega de faculdade de meu irmão. Desde então passamos a ser ótimos amigos. Ele é uma pessoa muito cativante, gentil e sempre mais preocupado com os outros do que consigo mesmo. Fábio sempre foi mais individualista e competitivo, mas soube ser companheiro e amoroso ao longo de toda nossa relação, que não tardou a iniciar tão logo nos conhecemos. Apesar das diferenças, os dois não são propriamente inimigos. Apesar das rusgas e divergências, colocam-se sempre lado a lado em muitos momentos. Várias pessoas de nossas relações diziam notar mais aversão da parte de Fábio, não tanto de Álvaro em relação ao irmão mais velho.

– De fato, parece haver um antagonismo entre eles que os afasta em muitos momentos.

– É verdade, meu amigo – concordou Cristiana. – Só agora começo a entender a razão disso. Nunca acreditei muito no ensino das múltiplas encarnações. Quando ouvia comentários sobre o assunto, imaginava que era uma maneira cômoda de as pessoas atribuírem a causa dos seus insucessos e infortúnios a fatos acontecidos em épocas remotas para fugirem à responsabilidade de seus próprios atos. Hoje penso diferente. Devemos, é claro, ter responsabilidade sobre nossas ações, sejam elas resultados de encarnações passadas ou da vida presente. Segundo me foi informado, eu, Tarsila, Álvaro e Fábio nos encontramos em mais de uma existência, e em algumas contraímos débitos graves. Apesar de ainda não conhecer plenamente o drama em que nos comprometemos, já entendo que, outrora, eu e Álvaro nos aproveitamos indevidamente das faculdades mediúnicas do espírito que agora retornou à vida terrena como Tarsila. Na ocasião, movidos pela ignorância e pela ambição, dois elementos muito perigosos quando andam juntos, exploramos as energias da jovem médium, exibindo-a como se fosse um animal raro, expondo-a à curiosidade alheia, provocando--lhe sérios danos. Ela terminou seus dias gravemente enferma e, na ocasião, a abandonamos sem maiores considerações, pois ela já não rendia tanto como antes, já não satisfazia mais nossa ambição. Foi nesse momento muito delicado que meu querido Fábio surgiu para ajudá-la, dando-lhe o apoio de que ela necessitava para recuperar-se e impedindo uma queda maior. Todavia, aquela foi uma existência breve, tristemente desperdiçada pelo fato de tanto eu como Álvaro termos colaborado para desviá-la da nobre tarefa a que se destinava.

– Entendo agora o empenho de Álvaro em garantir que a sobrinha desde cedo aprenda a conviver com a faculdade mediúnica que possui, a fim de que, quando aflorar, possa ser educada com base no equilíbrio e na harmonia sem mais sofrimentos.

– Sim, é este o compromisso assumido por Álvaro e por mim. A orfandade ainda na infância também foi uma prova escolhida pela própria Tarsila antes de sua encarnação. Eu e ela, apesar de muitos enganos cometidos, sempre fomos muito amigas, muito ligadas, e temos muitas afinidades. Pretendo acompanhá-la enquanto me for permitido, até o momento em que eu tenha de me preparar para futura encarnação.

– É a vida se utilizando de nossos próprios erros a favor de nossa evolução – concluí, com base em tudo que ouvi de Cristiana.

Ela fez um aceno com a cabeça, concordando. Logo precisei me retirar, pois, próximo dali, Damiano me chamava.

Passaríamos agora a acompanhar mais a recuperação de Gláucia, jovem que havia se tornado perseguidora contumaz de seu antigo afeto, Luciano, e havia sido socorrida, primeiramente, no Centro Espírita Veredas da Luz.

Conforme os comentários de Damiano, ela, agora mais lúcida e a par dos fatos mais marcantes de sua encarnação mais recente, mostrava-se decidida a cessar qualquer tentativa de vingança em relação a Luciano. Embora ainda não se achasse em condições de perdoá-lo plenamente, não mais se sentia inclinada a fazê-lo sofrer, pois essa atitude, agora ela entendia, só servia para prolongar sua angústia e seu desespero.

As notícias a respeito da jovem a quem Luciano havia induzido à prática do aborto, na certeza de que tomara a decisão mais acertada, eram animadoras.

Também o espírito, que teve sua reencarnação frustrada, recuperava-se pouco a pouco da dolorosa experiência de se ver brutalmente expulso do ventre materno. Posteriormente, obteria mais esclarecimentos acerca de sua recuperação progressiva. Tudo indicava, porém, que não se revoltaria contra os pais, reação que costumam ter muitos espíritos que têm frustradas suas chances de retornar ao mundo físico devido ao aborto. Tratava-se de um espírito esclarecido e bondoso, que viria a promover a união do casal Gláucia e Luciano. Todavia, o planejamento anteriormente feito havia se modificado.

⚓ ⚓ ⚓

Rosana seguia a passos lentos por movimentada rua da capital gaúcha. Devagar, mas firme. Caminhava com desenvoltura e mantinha o porte elegante e altivo. Ainda se perguntava se havia tomado a decisão certa. Não sabia bem o que a havia feito mudar de ideia. Talvez as reiteradas conversas com a mãe, Teresa, a alertá-la sobre a inutilidade de tentar manter a filha, Gisele, afastada de seu pai, Luciano. Sabia apenas que naquele dia saíra de casa disposta a entrar em acordo com ele; não mais iria ignorá-lo. Da união dos dois havia nascido uma menina que, naturalmente, ansiava por conhecer o pai. Colocou-se no lugar dela por alguns instantes. Ela, Rosana, tivera o pai e a mãe sempre juntos, num ambiente equilibrado, com muitas lutas e sacrifícios, mas com muito amor. Sempre recebeu toda a atenção do pai. Seria justo negar à filha esta mesma alegria, sabendo que Luciano seguia insistindo em conhecê-la? Definitivamente se convencera de que, em vez de proteger a filha, estava sendo cruel. Estava deixando o rancor, a mágoa, o profundo ressentimento, e até mesmo o orgulho ferido por ter sido preterida, falarem mais alto do que seu amor pela criança que trouxera ao mundo.

Em meio a esses pensamentos, trajada com um belo vestido que lhe caía perfeitamente no corpo, Rosana avançava, aproximando-se de seu destino. Não demorou muito para se ver diante da bela loja de artigos esportivos que pertencia a Luciano e ao irmão. Parou por alguns instantes. Perguntou-se que reação teria ele ao vê-la. Teria sido mesmo uma boa ideia ir até ali? Lembrou-se da mãe e conjeturou: "Se fosse dona Teresa e seu jeito despachado de resolver as coisas, já estaria lá dentro. O que será que me impede de entrar, meu Deus? Como o passado pesa! Tantas vezes corri para me encontrar com Luciano e ele fez o mesmo por mim! Por que essa hesitação agora, ao saber que vou ter de ficar frente a frente com ele?".

Rosana ainda estava imóvel diante da loja. A imagem do rosto risonho da filha, muito forte em sua mente, parecia lembrá-la de que ela merecia o esforço. Por Gigi valeria a pena se expor à tentativa de diálogo com alguém que ela havia banido de sua vida.

Distraída, absorta em seus pensamentos, assustou-se ao perceber que alguém tocava suavemente seu ombro. Era Luciano, que chegava naquele momento. Também ele, ao reconhecê-la de longe, ficou sem saber se deveria ou não se aproximar. No entanto, quase sem pensar, moveu-se em direção a ela, e agora estavam os dois, emudecidos, um diante do outro, como se estivessem procurando as palavras.

Luciano sugeriu que não conversassem ali. Assim, eles seguiram para um ambiente mais calmo, longe dos olhares curiosos.

Em um parque, ao ar livre, deram curso à conversa que custava a fluir. Ficou decidido que Rosana nada faria para impedir que Gisele o conhecesse. Cabia a ele conquistar, pouco a pouco, a confiança e o carinho da menina. Haveriam de se encontrar o mais breve possível. No entanto, Rosana enfatizou o quanto era importante que ele estivesse seguro do que estava fazendo, se queria mesmo assumir o papel de pai. Ela nada lhe exigia. Era importante que ele tivesse plena consciência de que estava lidando com os sentimentos de uma criança e isso era bastante sério. Poderia relevar todo o sofrimento que Luciano havia lhe causado no passado, porém, de modo algum o perdoaria se causasse qualquer tipo de tristeza ou desapontamento a Gisele.

Luciano aceitou o posicionamento firme de Rosana em relação à questão. Ambos concordaram que, até então, era a menina quem mais havia perdido com os desajustes dos dois e não era justo decepcioná-la mais uma vez.

Encerraram a conversa amistosamente e logo seguiram para seus afazeres. Rosana prepararia Gisele para o encontro tão esperado que se daria brevemente. Luciano saiu exultante. Haveria de ser paciente para conquistar o afeto da pequena e ofereceria a ela todo seu carinho de pai.

⚜ ⚜ ⚜

Terminava o mês de janeiro de 1986.

Na casa de Rosana, todos concluíram os preparativos para o Carnaval, festa apreciada por todas as moradoras daquela casa. As três costumavam providenciar fantasias para os bailes e para sair na Escola de Samba preferida.

Aquele ano, porém, seria muito marcante para a pequena Gisele, que desfilaria no bloco mirim. Ela tinha um motivo a mais para comemorar, afinal, contava agora com a companhia do pai. Conforme Teresa, a avó, já antevira, logo se pôde notar a forte ligação que os unia. Não demorou muito para que as afinidades entre os dois se manifestassem com intensidade surpreendente.

Certa noite, Luciano levou Gisele ao Centro Espírita Veredas da Luz para apresentá-la ao amigo Genaro. Para sua surpresa, a menina encontrou a amiga Tarsila, que também estava acompanhada pelo tio. Na mesma oportunidade, combinaram de se encontrar para passear.

Genaro recebeu com ar de contentamento o amigo e a filha. Luciano parecia não caber em si de tanta alegria por finalmente poder desfrutar da companhia daquela pessoa que logo conquistou seu afeto. Gisele, por sua vez, apresentou-o orgulhosa para Tarsila, assim como fazia para todas as pessoas. O pai ocupava agora seu devido espaço em sua vida.

Ao presenciar a felicidade da pequena, Rosana convenceu-se definitivamente de que agira com acerto; fizera bem em ser mais forte do que seus ressentimentos e procurar o entendimento com Luciano. Nada seria capaz de substituir o afeto paterno, concluía ela todas as vezes que os via juntos.

Naquela noite, no Centro Espírita, Luciano agradeceu por toda a ajuda que tivera, por todas as vezes que Genaro e seus companheiros o incentivaram e o animaram. O ex-jogador de futebol parecia renascer para a vida, com novos projetos, inclusive voltados ao esporte.

Foi nesse momento que Genaro resolveu apresentá-lo a Álvaro, cujo pai tinha a escolinha de futebol de onde já haviam saído e continuavam a despontar vários talentos do futebol.

Álvaro logo concordou em convidá-lo para conhecer as instalações e as atividades ali desenvolvidas.

Depois de três dias encontraram-se no lugar marcado, e Álvaro o apresentou a Fábio e seu pai. Enquanto os homens conversavam, as meninas brincavam animadamente em outra área.

Quando chegou a hora de retornarem, Fábio se prontificou para deixar a amiguinha da filha em casa. Para lá seguiu, enquanto Luciano, Álvaro e Paulo continuaram a conversa sobre futuros projetos e melhorias na escolinha.

Quando Fábio chegou no portão da casa de Gisele, Rosana já a esperava. Ele não pretendia descer do carro, mas Tarsila, expansiva como sempre, quis descer e correu até Rosana, abraçando-a. Fábio não a conhecia. Talvez tivesse visto Rosana numa ou outra reunião de pais, mas não havia se detido nela. Esta, por sua vez, lembrava-se vagamente dele, mas tinha a certeza de não ter tido a oportunidade de lhe dirigir a palavra.

Era uma noite quente e enluarada aquela em que Fábio e Rosana começaram uma rápida, mas divertida, conversa.

Nos dias que se seguiram, permaneceu em ambos a lembrança daqueles breves e agradáveis momentos. Será que se repetiriam? E a vontade de que pudessem surgir outras oportunidades passou a crescer na mente de ambos.

capítulo **oito**

Renovação

A semana transcorreu sem muitas alterações para Rosana. A mesma rotina de trabalho no salão de beleza de propriedade da mãe e gerenciado por ela.

Aproximava-se a data do desfile de Carnaval. Ela e Teresa faziam os últimos ajustes nas fantasias. Nos últimos dias, a experiente senhora havia notado uma sutil mudança no modo de agir da filha. Um olhar distante, uma expressão de quem gostaria de estar em algum outro lugar, com outra pessoa. Há muito tempo não a via assim. O que teria acontecido?

Naquele fim de tarde em que estavam as duas sozinhas na sala, foi surpreendida pela inquietante questão:

– Mãe, alguma vez já te aconteceu de conversar com alguém por breves instantes e ficar com a impressão de que não era a primeira vez que se falavam? De sentir-se estranhamente à vontade com alguém que acabou de conhecer?

Teresa suspendeu a agulha de costura no ar. Não entendeu muito bem a que Rosana se referia. Nada disse. Apenas notou novamente aquele ar indefinido na expressão da filha. Preferiu aguardar que ela continuasse:

– Eu sempre ouvi dizer que isso acontece com algumas pessoas, mas sempre achei bobagem, invenção... nunca tinha sentido isso antes, não sei explicar...

– Eu também já ouvi dizer que isso é possível. Há quem diga que nascemos e renascemos várias vezes, que nos encontramos e tornamos a nos encontrar aqui na Terra ou em outro mundo. Não sei se isso é verdade ou não, mas talvez seja o que acontece contigo e... com quem mesmo? – indagou com um sorriso maroto.

– Não vou lhe contar mais nada, a senhora já está querendo bisbilhotar – respondeu Rosana em tom de brincadeira. – Não citei nome de ninguém nem vou citar.

A bela Rosana saiu da sala deixando a mãe intrigada e curiosa. Ela, por certo, não imaginava de quem pudesse se tratar. Seria bom, conjeturou Teresa, que sua filha pudesse novamente recomeçar sua vida sentimental. Desde a profunda decepção amorosa que tivera com Luciano, ela não mais havia se envolvido afetivamente com ninguém, frustrando as expectativas de muitos candidatos a namorado. No entanto, talvez fosse cedo ainda para saber se Rosana estava mesmo interessada por alguém.

🕯️ 🕯️ 🕯️

Já era a terceira vez que Luciano observava a bela jovem de rosto triste sentada na arquibancada da escolinha de futebol administrada por Paulo. Sabia que ela era irmã de um dos meninos que treinava ali. Seu nome era Bianca. Parecia ter pouco mais de vinte anos e devia estar no sétimo mês de gestação. Luciano tinha sido apresentado a ela, que, muito emocionada, abraçou-se ao ídolo de infância. Bianca sempre gostara muito de futebol e lembrava-se do quanto torcera pelo ex-jogador em diversas partidas que disputara.

Desde que ali chegou, já fazia alguns meses, o rapaz deu o impulso que faltava na organização da escolinha, que agora recebia as melhorias que Paulo e seus colaboradores tanto aguardavam, porém, não haviam conseguido executar. Luciano, com seu carisma e prestígio, angariou interessados em investir naquele trabalho que beneficiava tantos meninos, fazendo com que se consagrassem ao esporte.

Naquele dia em que Luciano observava Bianca à distância, sem saber se deveria ou não se aproximar, os meninos estavam treinando com muito empenho para uma partida que seria disputada nos próximos dias e cuja vitória era muito aguardada.

Por sua vez, Bianca acompanhava o jogo interessada e vibrou quando o irmão fez o tão esperado gol! Comemorou como se estivesse em um jogo de Copa do Mundo. Do campo, seu irmão retribuiu o afeto, dedicando a ela o gol.

Luciano sorriu e pensou que não podia mesmo ser diferente. Paulo lhe havia contado a história da família de Bianca e seus cinco irmãos, sendo ela a primogênita. Havia ajudado o pai a educá-los depois do desencarne da mãe. Viviam uma existência com muitos sacrifícios e privações, mas o pai sempre procurou garantir a todos moradia, alimentação, vestuário e educação. Bianca já trabalhava e ajudava o pai nas despesas da casa.

A jovem aguardava o nascimento de seu filho com muita apreensão. Por vezes, em momentos de angústia, não sabia se havia tomado a decisão certa. Valeria mesmo a pena levar adiante a gestação de uma criança cujo pai, tão jovem e inexperiente quanto a mãe, havia se negado a assumir a paternidade?

Sim, essas cogitações haviam lhe tirado o sono muitas vezes. Uma esperança muito grande a fazia acreditar que o futuro não haveria de ser tão sombrio como podia parecer, a despeito das dificuldades.

Nada disso, porém, importava naquele momento em que comemorava o gol do irmão mais novo! Seu olhar cruzou com o de Luciano, que, não muito longe, também incentivava o menino. Bianca sentiu um estranho ímpeto de correr até seu ídolo e abraçá-lo. Conteve-se. Temeu os comentários que pudessem surgir. Preferiu ficar onde estava, cercada por outras pessoas que acompanhavam o treino.

Ao término da partida, enquanto aguardava o irmão sair do vestiário, teve a grata oportunidade de trocar algumas palavras com ele. Luciano mostrou-se interessado em saber como estava a gestação, e Bianca, feliz, garantiu que os últimos exames indicavam estar tudo bem com ela e com o bebê, do sexo masculino. Conversaram mais um pouco até a chegada do goleador do dia, efusivamente cumprimentado. Lá se foram os dois irmãos, sob o olhar atento de Luciano.

Ele permaneceu mais um pouco na escolinha, dando andamento no projeto que tanto o envolvia nos últimos meses.

Quando retornou ao apartamento, situado em zona nobre da capital, já era tarde. Ainda assim, a mente agitada o impedia de conciliar o sono. Depois de rápida refeição, pôs-se a rememorar os fatos que haviam alterado sua existência nos últimos tempos: o encontro com a filha, o projeto com a escolinha, os novos amigos, o sucesso da loja de artigos esportivos, que ocupava um espaço cada vez maior na preferência dos clientes. De repente, o rosto risonho da jovem com quem conversara à tarde mais uma vez voltou à sua mente. Até então, conhecera muitas jovens como ela, comprometidas com a gravidez precoce. Bianca, no entanto, parecia não se intimidar com o desafio. Sua coragem, de certa maneira, encantava-o. Mas não era apenas admiração o que ela lhe despertava. Era algo mais, um sentimento difícil de classificar. Aliás, isso parece mesmo ser próprio aos sentimentos. Nem sempre se adaptam às "conhecidas classificações e rótulos" sempre tão presentes na linguagem humana. Sim, muitos sentimentos transcendem os limites de nossa linguagem. Era o que acontecia com ele. Não podia dizer que se apiedava de sua condição de vida difícil ao lado do pai e dos irmãos, na iminência de ter de sustentar mais uma criança, sem o apoio financeiro e afetivo do rapaz que a engravidara e logo a seguir se liberara de qualquer compromisso, e que havia muito tempo não era visto. Dizia-se que saíra da cidade rumo a local ignorado.

Mesmo sem saber ao certo por que, Luciano preocupava-se com o futuro dela e da criança, que, sem dúvida, nenhuma culpa tinha pelo acontecido.

Por alguns instantes, lembrou-se de si mesmo e do grave erro que cometera ao induzir Gláucia a interromper a gestação indesejada. Recordou-se de seu violento desencarne e da fúria que isso desencadeou na família da moça, que, em represália, passou a lhe causar todo tipo de dissabores e até mesmo prejuízos financeiros na assinatura de contratos vantajosos com prestigiados clubes de futebol. Isso também fez sua carreira ser bastante afetada, mesmo antes do acidente de automóvel que o afastou em definitivo dos gramados.

Ele também havia sido um covarde, avaliava naquele momento, sozinho consigo mesmo. Havia proposto o mesmo quando soubera da gravidez de Rosana. Felizmente, ela ouvira a voz da consciência. E, graças a isso, hoje ele podia abraçar satisfeito a pequena Gigi, alegria de sua vida.

Felizmente, pudera se reconciliar com a mãe de sua filha, que, por muito tempo, o havia afastado de sua convivência. Rosana agora estava reiniciando uma nova etapa de sua vida amorosa ao lado de Fábio, pai de Tarsila. As duas meninas adoraram a união, pois já se sentiam como se fossem irmãs havia muito tempo.

Já passava da meia-noite e Luciano ainda não adormecera. Lembrou-se de que no domingo combinara com Genaro de ir visitá-lo em sua casa, levando a filha.

A ele também era imensamente agradecido. O casal muito o apoiou emocionalmente quando ele estava totalmente confuso, acreditando ter perdido o governo da própria vida, tal a rapidez da derrocada material que o abatera.

Encaminhou-se para a janela e abriu a cortina. A lua cheia ia alta. Luciano lembrou-se de Gláucia e do quanto ela gostava de noites enluaradas como aquela. Gláucia, a bela jovem rica, descontraída e desafiadora a quem conhecera quando vivia o auge de sua carreira de astro do esporte. "Ah, Deus", pensou ele, "se eu a tivesse conhecido hoje, talvez não tivesse permitido que ela cometesse o cruel erro que culminou em sua morte ainda tão jovem!"

Lembrou-se de Gláucia alegre, dançando no meio da sala, do quanto comemorava de maneira muito própria suas vitórias.

"Fomos tão descuidados e inconsequentes", disse ele para si mesmo. E por fim considerou: "se eu pudesse estar frente a frente com Gláucia, certamente me ajoelharia a seus pés e lhe pediria perdão. Mas ela está em outra dimensão... não sei se me ouve. Disseram-me Genaro e outros companheiros espíritas que eles seguem existindo e recebem nossos pensamentos. Então, mais uma vez, suplico o perdão de Deus e de Gláucia por ter sido tão indiferente e egoísta. Hoje, como pai de Gisele, aprendo o quanto é grave o compromisso de sermos parceiros de alguém ao gerarmos outra vida. Na época, não tinha esse entendimento. Tem piedade de mim, Senhor, tem piedade de Gláucia, do filho que iríamos ter e me ajuda a ser um bom pai!"

Só então, depois da prece emocionada, Luciano se dirigiu ao quarto e adormeceu. O corpo descansava das emoções do dia, enquanto o espírito, em desdobramento, acompanhava-nos rumo a outras estações da espiritualidade.

Já éramos aguardados por Damiano e Júlio, o pai de Luciano, que por sua vez experimentou enorme alegria ao se ver novamente na presença do amado genitor. Tão logo se refez da emoção de abraçá-lo, comentou:

– Pai, estou tão feliz... agora posso ter minha pequena Gigi ao meu lado... sempre soube do quanto o senhor partiu triste por ter sido afastado dela... perdão, pai... o senhor sofreu por causa de um erro meu!

Júlio o ouvia atentamente. Na expressão serena, o olhar amoroso do pai.

– Filho querido, aqui na vida maior passamos a ver tudo com muita clareza. Parti do mundo muito triste por conta da maneira como tudo aconteceu. Agora, porém, não estou aqui para cobrar tuas atitudes porque tu mesmo aprendeste muito com elas. Se hoje tens Gigi ao teu lado é porque fizeste por merecer, quiseste corrigir um grave erro, e isso é suficiente para me deixar alegre e esperançoso contigo.

Damiano observava o diálogo sem ser percebido por Luciano, que apenas guardaria a lembrança de ter conversado com o pai.

Em meio à conversa, Júlio orientou o filho para que amparasse Bianca, a jovem gestante. Ela era ligada ao ex-jogador desde existências pregressas, e voltava a seu convívio com uma tarefa muito especial: gerar o filho cuja encarnação foi frustrada pela decisão de Gláucia em abortar.

Sim, aquele espírito chegaria aos seus braços por outra via, mas não deixaria de cumprir seu papel ao seu lado. Seria uma criança a quem Luciano sempre haveria de ver como filho, mesmo não o tendo gerado.

O rapaz ouviu a notícia emocionado. Por certo era aquela a explicação para o afeto que sentia por Bianca, que, sempre considerou, não era apenas piedade por sua situação difícil. Notava da parte dela igual afeição. Se ela aceitasse, poderiam cuidar da educação da criança que em breve se reuniria a eles.

– Pai querido – tornou Luciano –, tenho pedido em minhas orações que Gláucia me perdoe pelo que eu lhe fiz, esteja onde estiver. Hoje compreendo muitas coisas que na época não aceitava, como a continuidade da vida e o compromisso que temos em preservá-la, seja qual for a circunstância. Erramos muito quando pensamos apenas em nós mesmos e nas nossas necessidades. Tenho certeza de que ela pensava da mesma forma e hoje talvez se arrependa. Ah, pai! Se eu pudesse voltar atrás...

– Filho, embora este seja o desejo de muitos, não podemos voltar atrás, mas devemos seguir movidos pelo desejo de realizações melhores. Segue sempre com coragem, estamos sempre contigo, Luciano.

Os dois se abraçaram demoradamente. Mais tarde, Júlio seria o portador do pedido de perdão que o filho endereçara a Gláucia, que já estava bastante sensibilizada pelos pensamentos elevados em prece, dirigidos a ela por Luciano. O afetuoso genitor apenas cooperara, reforçando a disposição do rapaz em reparar seu erro e promover definitivamente a conciliação.

Depois disso, ela passou a considerar melhor a possibilidade de novamente se reunir a Luciano no lar que ele constituiria com Bianca. Haveria de retornar como sua segunda filha, renovando laços afetivos que haviam sido brutalmente cortados na mais recente existência. Para tanto, Gláucia haveria de se preparar devidamente.

Era assim que a Providência Divina mais uma vez reuniria o ex-casal e aquele que deveria ter nascido como seu filho. Eles alternariam os papéis, mas a todos seria dada mais uma preciosa oportunidade de aprimoramento.

Passados alguns meses, víamos com satisfação o nascimento do bebê de Bianca. Iria se chamar Bernardo e seria educado como filho de Luciano. Ao vê-lo pela primeira vez, o ex-jogador sentiu profunda e indescritível emoção. Era como se alguém muito especial estivesse retornando a seus braços e, embora não guardasse integralmente a lembrança das palavras que o pai lhe dirigira durante o encontro no plano extrafísico, sabia com segurança que havia tomado a decisão certa ao se unir a Bianca, que cada vez cativava mais sua afeição.

Ao ver o lar amoroso que o casal constituía, Gláucia sentia-se cada vez mais inclinada a aceitar a possibilidade de ali reencarnar como filha. E tal procedimento foi levado a efeito.

Dois anos depois do nascimento de Bernardo, Luciano recebeu em seus braços seu antigo afeto, a quem chamaria agora de Glória. Seria uma oportunidade de refazer caminhos equivocados por meio do amor.

capítulo **nove**

O triunfo do amor

Fábio e Rosana voltavam para casa abraçados, retornando da festa que comemorava o primeiro ano do aniversário de Glória. Gisele havia ido com eles, todavia, preferira ficar na companhia do pai e dos irmãozinhos. Já Tarsila havia ido viajar com o tio Álvaro, que precisamente naquele dia a havia levado para conhecer o Observatório Astronômico do Rio de Janeiro, numa viagem que lhe marcaria para sempre. Era grande o interesse da menina em conhecer os astros, suas órbitas, o satélite da Terra, e havia feito notáveis descobertas. Relatara, por telefone, o quanto se maravilhara ao poder observar as estrelas e algumas constelações de perto.

Fábio vivia agora uma fase mais tranquila de sua existência, sem os pesares do passado. A união com Rosana lhe havia devolvido toda a alegria que um dia ele julgou ter perdido irremediavelmente. Também para Rosana o encontro com o pai de Tarsila inaugurou uma surpreendente, mas agradável etapa em sua vida.

Naquele momento, sozinho, eles rememoravam o quanto a trajetória de todos havia tomado um rumo inesperado. Nem pareciam as mesmas pessoas. Quem visse Fábio animado e sorridente, dificilmente diria ser o mesmo viúvo abatido pela perda da esposa Cristiana e que parecia ter abandonado toda a esperança em dias melhores. O mesmo ocorreu com a sofrida Rosana, que por muitos anos optou pela solidão, negando-se uma oportunidade de amar novamente e também de ser amada, receosa de se envolver em outros relacionamentos. No entanto, quando conheceu Fábio, a insegurança desapareceu por completo. Até então, jamais havia cogitado se envolver com um viúvo, branco, pai de uma filha e de condição social diferente da sua. Eram muitas as barreiras que os padrões sociais pareciam impor.

No entanto, nada disso impediu que eles decidissem se unir. Moravam no confortável apartamento de Fábio ao lado de Tarsila e de Gisele, que se tratavam como irmãs.

De todos, porém, quem mais passou por transformações foi Luciano. Ele, que por muitos anos se viu atormentado pelos pesares e pelas culpas dos excessos do passado, havia refeito a vida de maneira surpreendente. Conseguira se reconciliar com Rosana, mantinha um bom relacionamento com a filha Gisele e, ao lado de Bianca, constituíra um lar bem estruturado com os dois filhos, Bernardo e Glorinha.

Sem dúvida, a vida é encantadora por sempre surpreender em seus desígnios. O que se julga definitivo, irremediável, acabado, muitas vezes não é senão a transição para uma nova etapa. O afeto perdido, o relacionamento desfeito, o plano malsucedido, a oportunidade desperdiçada nada mais são do que lições para despertar nosso amadurecimento. Não devem ser motivos nem de frustração, nem de permanente desencanto e desesperança com a vida.

Era nisso que eu pensava enquanto visitava o lar de Fábio, de onde seguiria para a Colônia Redenção. Lá, novamente, encontrei a palavra esclarecida de Damiano e a companhia sempre agradável de Cristiana, que, agora, havia obtido permissão para fazer parte do grupo de auxílio ao atendimento de mães recém-desencarnadas que eram acolhidas sob a coordenação da querida amiga Alba Lúcia[1]. Ela estava radiante com a notícia que recebera de Damiano e se dedicava com todo afinco às novas tarefas em nossa Colônia. De minha parte, compartilhava com gosto sua importante conquista, visto que a mãe de Tarsila sempre me encorajara a prosseguir em meus estudos e observações que acabaram por originar meus modestos escritos. Recordo-me vivamente, por exemplo, da imensa generosidade e grandeza da jovem mãe desencarnada em preparar a filha para que aceitasse a nova união do pai com Rosana. Essa decisão não foi propriamente novidade para a pequena, que, entre sorrisos, passou a afirmar: "Sempre soube que papai ia arrumar uma namorada... que bom que foi Rosana!"

E era com essa visão generosa da vida que Tarsila crescia. Toda vez que lhe era possível, apreciava a companhia do tio Álvaro, como naquela tarde, na praia do Leme, em que mais uma vez pôde conversar com ele.

– Tio – perguntou ela interessada –, por que não tenho visto mais a mamãe como antes?

Álvaro respondeu:

---

1 Referência à personagem do livro *Veredas da Paz*, publicado pela Lúmen Editorial (Nota da Médium).

– Os espíritos também têm suas ocupações, assim como nós, Tarsila. Certamente tua mãe deve estar empenhada em alguma tarefa que esteja exigindo muito da atenção dela. Mas tenha certeza de que não é porque não vem lhe falar como antes que deixou de pensar em ti.

– Será que ela está feliz em ver o papai casado de novo? Eu acho que sim, porque ela me disse mais de uma vez que isso ia acontecer.

Álvaro sorriu da espontaneidade de Tarsila. As crianças, conjeturava, na visão pueril da vida, simplificam muitas coisas que os adultos insistem em complicar. Era mesmo de esperar que um rapaz como Fábio fosse encontrar alguém com quem compartilhar a vida, e isso era algo natural para a filha, que nunca opôs qualquer obstáculo. Esperta como era, à sua maneira, ela até se divertiu ao se dar conta de que o pai estava apaixonado e tentando, a princípio, lutar contra isso. Felizmente, ele percebeu que era inútil e deu a si mesmo e a Rosana a chance de serem felizes.

E foi com o mesmo ar maroto que Tarsila perguntou ao tio distraído:

– E por que nenhum espírito apareceu ainda para me dizer quanto tu vais encontrar uma namorada? – terminou ela com uma gargalhada.

Álvaro também não conteve o riso e brincou:

– Talvez porque isso não vá mesmo acontecer, minha guria!

E saíram os dois caminhando alegremente pela orla da praia.

Naquele fim de tarde, de agradável temperatura na capital dos cariocas, eles se despediram da bela cidade. Haveriam de retornar no dia seguinte e seriam aguardados por Rosana, Gisele e Fábio no aeroporto.

Foram dez dias de viagem e Fábio já estava saudoso da pequena Tarsila. De início, relutou um pouco em consentir que ela viajasse na companhia do tio. Contudo, pensando melhor e dada a insistência da menina em conhecer o Rio de Janeiro, decidiu não mais objetar. Aliás, já havia algum tempo desistira de entender racionalmente aquela estreita afinidade que unia tio e sobrinha. Parecia mesmo que se conheciam havia muito tempo. Fábio, até então, relutara em aceitar a possibilidade da existência de sucessivas existências em promover encontros com as pessoas. Relutara até conhecer Rosana e com ela viver experiência semelhante. O entrosamento entre os dois era tão completo que levava a crer que de fato eram almas que não estavam se encontrando pela primeira vez. Era um relacionamento afetivo muito diferente do que ele vivera com a primeira esposa, Cristiana, a quem também amara verdadeiramente.

Por tudo isso, passou a ver com mais tranquilidade e confiança a forte amizade que sempre existiu entre Álvaro e Tarsila.

Assim, naquela tarde de domingo, no aeroporto, exultou ao rever a filha. Abraçou-a demoradamente e saudou o irmão.

Aprendeu a ver nele um companheiro que vinha auxiliá-lo na educação de Tarsila e não mais alguém com quem devia competir pelo afeto dela, por ser, certamente, alguém comprometido com essa tarefa. Dessa maneira, Fábio vencia a má tendência que sempre apresentou em relação ao irmão mais novo: competir com ele pelo afeto das pessoas.

Considerava positiva sua intervenção e iniciativa de levar Tarsila a participar dos grupos de evangelização infantil no Centro Espírita Veredas da Luz onde, sob a supervisão de Carolina, esposa de Genaro, ela recebia as orientações e a segurança necessária para saber direcionar suas ações em benefício do próximo. Ela cresceu participando desde cedo de atividades benemerentes promovidas pelo Centro Espírita, atividade que marcaria para sempre sua conduta.

No aeroporto, ela logo foi perguntando por vários de seus amigos. Estava contente. Dava a impressão de que contaria muito da viagem e de tudo o que vira nos próximos dias. Uma ausência foi logo sentida e ela não tardou a perguntar:

– Pai, e o vô Paulo, onde está?

– Filha, ele não pôde vir, ficou te esperando em casa. Logo mais vou te levar lá.

– Mas o que houve, pai? – tornou ela. – Ele está bem?

– Sim, meu amor, é como te disse... ele não veio, mas está tudo bem!

Fábio não quis contar para a filha que dias antes o avô havia passado mal e tinha sido conduzido às pressas para o hospital, devido a problemas cardíacos. Agora estava melhor, mas por orientação médica evitava emoções mais fortes.

Assim que chegou a casa, Tarsila telefonou para o avô, que, com voz emocionada, disse que a aguardava.

Não tardou muito para que os dois se encontrassem e trocassem um afetuoso abraço. Paulo havia, na sua avaliação, passado por maus momentos. Nunca tinha se sentido tão mal antes, pois sempre desfrutara de boa saúde. Por um momento pensou ter chegado à reta final. Haveria de ser mais disciplinado. Sua alegria era imensa em poder abraçar novamente aquele serzinho querido a quem tanto amava.

Procurava aparentar boa disposição à neta recém-chegada e aos filhos. Ela, porém, muito observadora e atenta, quis saber:

– Vô, que remédios são esses? Eles não estavam aqui antes.

– É, querida... agora vou precisar tomar alguns remédios.

– O senhor está doente, vozinho? O que eu preciso fazer para o senhor ficar bom?

Álvaro e Fábio ficaram enternecidos ao ver a cena. Instintivamente, Tarsila dirigiu a mãozinha sobre o coração de Paulo e, como dela emanasse uma energia de amor puro, ele experimentou agradável sensação ao se expressar num sorriso.

– Tarsila, tu és a minha linda... só de te ver já fico bem, meu amor. Só não quero ver estes olhinhos tristes e preocupados! Pode acreditar, estou bem, ou alguma vez te menti?

– Não... o senhor sempre me fala a verdade – confirmou.

– Então, pode ter certeza de que não há nada de errado comigo. Agora, me abraça que eu estou com saudade do teu abraço!

E assim permaneceram em silêncio por mais alguns instantes, trocando, entre si, as energias puras e poderosas do amor que promove a união entre as almas.

Naquela noite, Tarsila orou com Gisele, Rosana e Fábio durante o Evangelho no Lar, prática recomendada no Centro Espírita que frequentava. A iniciativa de começá-lo em casa foi dela mesma. E, naquele dia, a menina fez sentida oração pelo restabelecimento do avô. Apesar de ninguém ter lhe contado com detalhes o que havia acontecido a Paulo por julgarem desnecessário, ela, de alguma maneira, pressentiu que algo mais grave havia ocorrido. Na mesma noite, Paulo teve um sono bem mais tranquilo do que nas noites anteriores, beneficiado pelas vibrações amorosas direcionadas a ele por seus familiares. Era o poder da fé no Criador que a todos socorre, promovendo também a união entre aqueles que se amam.

*capítulo **dez***

A travessia

Os meses que se seguiram foram marcados por muitas emoções: o aniversário de Tarsila e as comemorações por mais uma vitória em campeonato dos meninos da escolinha.

Paulo seguia o tratamento recomendado até que em certa tarde... sentiu uma dor aguda no peito.

Estava agora semidesperto. Percebia uma movimentação ao redor. Não sabia dizer ao certo há quanto tempo estava ali naquele leito. Sentia-se confortável, seguro, amparado, cuidado.

Abriu os olhos devagar e notou a presença da enfermeira que o atendia. Era uma jovem simpática que o saudou afetuosamente, perguntando como ele se sentia, se precisava de algo. Ele respondeu que se sentia bem melhor. Passou a olhar tudo ao redor. O ambiente claro, limpo, bem arrumado. "Que lugar será este?", pensou. "Não lembra nenhum outro que eu tenha conhecido." Ignorava há quanto tempo pudesse estar ali e o que lhe teria sucedido. Então, sugeriu a si mesmo: "Devo ter passado mal outra vez e o Fábio me trouxe para cá. Não tinha necessidade. Eu me sinto bem. Posso voltar para casa".

No entanto, aquele lugar onde estava não parecia o hospital em que costumava ficar internado.

Àquela altura, a enfermeira já havia se retirado para atender a outras tarefas. E Paulo, recobrando pouco a pouco a consciência, continuou a conjeturar, até perceber a aproximação de um homem cuja fisionomia não lhe era estranha. Em mais alguns instantes, ele o identificou:

— Menezes, és tu mesmo, meu velho! Como me achaste aqui?

Flávio Menezes era um antigo colaborador dos primeiros tempos de fundação da escolinha de futebol. Locutor esportivo, era muito conhecido no meio futebolístico. Ele o saudou com largo sorriso:

— Quis vir ver como estás, meu amigo. Pelo que me disseram, tua recuperação vai muito bem.

Um instante de silêncio se fez. Paulo por certo estava muito feliz em receber a visita de alguém muito estimado e que não via fazia muito tempo. Contudo, algo estava diferente. Ressurgia ali, diante dele, falando com a conhecida animação, com os mesmos trejeitos, Flávio Menezes, que já havia falecido alguns anos antes.

De repente, no rosto de Paulo despontou certa expressão de assombro. Estava começando a entender o que se passava. Ainda assim, indagou:

— Flávio, diga que lugar é este, como viemos parar aqui?

— Por ora basta que tu saibas que estás em um posto de atendimento, onde permanecerás pelo tempo que for necessário a tua plena recuperação. Vim para que saibas que aqui tu encontrarás outros tantos amigos...

– ... amigos que já fizeram a grande viagem – completou Paulo, estarrecido.

– A viagem de retorno ao nosso verdadeiro mundo, meu amigo.

O avô de Tarsila não encontrava palavras para se expressar. Limitou-se apenas a dizer, lembrando a expressão muito usada no meio esportivo:

– Apito final... encerrada a partida!

Menezes completou:

– Final da partida, mas não da rodada! O campeonato da vida segue sempre! – rematou com bom humor.

– Não entendo como pode ser isso, Menezes! Estou bastante surpreso! Nunca pensei que fosse ser dessa forma. Parece que apenas troquei de vestimenta. Eu me sinto o mesmo Paulo de sempre.

– Mudança de plano, de estágio! Felizmente, foste trazido até este lugar de paz onde terás todas as condições de ir compreendendo o que mudou e o que continua, meu bom amigo.

– É como se eu tivesse feito uma longa viagem cujo destino desconhecia, mas gostei do que encontrei. Vais vir me visitar mais vezes, Flávio? És um homem de palavra. Agora recordo do que me disseste muitos anos atrás... que me esperarias aqui.

Paulo, emocionado, começou a chorar. Logo adormeceria a fim de recompor as energias. E Menezes voltaria em outras oportunidades para lhe mostrar o mundo novo em que ingressara após a grande travessia da vida material para a imaterial.

Em uma tarde de muita chuva na capital gaúcha, Gisele e Tarsila observavam, da janela do apartamento, a movimentação de pedestres e motoristas tentando escapar do mau tempo. De súbito, Tarsila se pôs a chorar. Gigi já sabia o porquê. Saudades do avô.

A neta de Paulo, enxugando as lágrimas, contou:

– Em tardes como essa, vô Paulo acendia a lareira e contava histórias bem engraçadas para passar o tempo. Eu sinto tanta falta dele...

Tarsila soluçava. Gigi sentiu pena. O que dizer à amiga para não vê-la mais tão triste? Então, com a conhecida espontaneidade, falou:

– Tá bem, Tarsila, vamos fazer um trato... eu já te emprestei a minha mãe... não me importo de te emprestar a vó Teresa também. Ela sabe contar histórias e cantar músicas bem engraçadas!

Tarsila, surpresa com a solução encontrada por Gigi e seu bondoso coração, parou de chorar.

– Será que a vó Teresa vai querer ter mais uma neta? – perguntou interessada.

– Eu acho que sim, acho que ela não vai se importar – afirmou Gisele, categórica e decidida a lhe emprestar a avó.

– E tem mais – disse ela –, em dias assim a vó costuma fazer bolinhos deliciosos! Hum! Só em lembrar já fico com água na boca!

Tarsila riu da expressão engraçada de Gisele ao se referir à avó.

A chuva parou. Logo o telefone tocou. Era Teresa avisando que iria fazer uma visita à filha e à neta... levando os tão apreciados bolinhos!

E, naquele dia mesmo, Teresa foi solenemente informada de que dali em diante ganharia mais uma neta. Afinal, não era qualquer pessoa que podia ter uma avó que adivinhava pensamentos, como disseram as duas meninas. Teresa aceitou o encargo. Jamais substituiria o afeto do vô Paulo. No entanto, ficava muito feliz em ter uma neta negra e uma neta branca, presentes que a vida lhe deu!

Assim se firmava ainda mais, de maneira muito bonita, a amizade das duas meninas, irmãs de alma. Uma não podia ver a outra triste. Logo encontravam uma maneira de espantar a tristeza. E essa união perdura até os dias atuais.

capítulo **onze**

Glorinha

Avançamos no tempo.

Bianca e Luciano já eram pais de dois filhos maiores de idade: Bernardo, vinte anos, seguia carreira militar, e Glorinha, dezoito, era estudante.

Aquele seria um ano de alegria e apreensão para o casal. Alegria por ver Bernardo ser bem-sucedido em seu antigo desejo de ingressar na Aeronáutica; apreensão quanto ao futuro de Glorinha, que ainda não decidira que rumo tomar na carreira profissional.

Bianca e Luciano, a par das dificuldades, haviam conseguido educar os filhos num lar em que o conforto material nunca faltou e o afeto nunca esteve ausente. Em muitas ocasiões, à medida que os filhos cresciam, surpreendiam-se ao observar as diferenças de personalidade que se evidenciavam.

O primogênito sempre se mostrara extremamente afetuoso; destacava-se pelo temperamento reservado e introspectivo, o que não o impedia de demonstrar toda sua alegria de viver quando necessário. Sempre atento aos movimentos da irmã, mais impetuosa e ousada em suas ações, mas nem por isso menos estimada. Glorinha, desde a infância, sempre foi muito cativante, falante, nunca teve dificuldade para fazer amizades.

Bernardo teve a oportunidade de conhecer o pai verdadeiro quando tinha doze anos. Este, depois de muitos anos, decidiu voltar a Porto Alegre e procurar por Bianca. Queria conhecer o filho. Estava bastante enfermo e não queria partir sem se reconciliar com eles. Luciano, ao saber desse desejo, em nada obstou a aproximação. Lembrou-se de si mesmo, anos antes, quando vivera situação semelhante em relação a Gisele. A esposa, de início contrária à ideia, acabou por concordar.

Assim, Bernardo pôde conhecer seu pai legítimo, mas continuou a identificar sempre em Luciano a figura do pai que o aceitara como filho, e assim seria para sempre.

Já Glorinha, há pouco comemorara, em uma grande festa, o seu décimo oitavo aniversário. Na ocasião, Bernardo obtivera permissão para passar alguns dias com a família. Bastante observador, o rapaz logo percebeu que, por trás da alegria de todos, havia uma preocupação que a irmã e a mãe tentavam disfarçar.

Porém, naquela manhã em que ele já se preparava para retornar à base aérea, presenciou uma cena que confirmaria suas desconfianças. Glorinha chegou a casa chorando e subiu às pressas para o quarto sem nada dizer a ninguém.

Bernardo esperou um pouco. Só estavam ele e a irmã em casa. Hesitou entre procurá-la ou fingir que nada havia visto. "O que terá acontecido, mais alguma briga com o Léo, o namorado?"

Mais alguns instantes se passaram até que ele decidiu bater à porta do quarto. Do lado de fora, ouviam-se os soluços desesperados da irmã. Ficou ainda mais apreensivo e perguntou, tentando convencê-la a abrir a porta:

— Glorinha, o que aconteceu? Vamos conversar, não vou embora sem saber o que se passa com você!

— Não, Bernardo, quero ficar sozinha... vai embora! Não quero falar com ninguém!

— Por que, mana... o que aconteceu? Tu sempre me contas tudo! Não és de ficar chorando à toa, guria! Algo sério aconteceu!

Os soluços continuaram. Em tom enraivecido, ela respondeu:

— Chega, Bernardo, vai embora... quero ficar sozinha.... tenho vergonha!

"Vergonha?", pensou ele. Teria a irmã se metido em mais alguma briga, alguma confusão, como acontecia nos tempos de escola? Em mais de uma ocasião havia saído em seu socorro, protetor como sempre.

Apesar das diferenças de temperamento, os irmãos sempre foram muito unidos e cúmplices em diversas traquinagens. Agora via a irmã com uma voz amargurada, dizendo que estava com vergonha! Sentia que ela precisava falar, desabafar com alguém, mas algum outro sentimento muito forte a impedia de fazer isso.

Ele, porém, não podia ir embora sem saber o que estava se passando. Ardiloso, fingiu concordar, dizendo:

— Tá bem, vou embora... não queria te deixar chorando, tão desesperada, sabe-se lá por quê... se não confias mais em mim, vou embora!

Bernardo desceu e ficou esperando na sala. Não tardou muito e assomou a irmã, parada no alto da escada, a chamar por ele. Glorinha tremia e estava em prantos. Ele subiu para abraçá-la e acalmá-la.

Mesmo sem saber do que se tratava, certamente era algo muito sério, pois a irmã não costumava ter aquele tipo de reação, por mais difícil que fosse a situação. Depois de muito chorar, ela só conseguiu dizer palavras intercaladas:

– Tenho medo, Bernardo, eu não queria... tenho... muito medo!

O irmão apenas ouvia, sem interferir, sem tentar adivinhar o que ela queria dizer.

– Eu não queria, não era para ser assim...

– Glorinha, a mãe sabe do que está se passando contigo? Ela saiu, mas já vai voltar.

– Não sei, não sei como vou dizer a ela, como vou contar para o pai... isso não devia ter acontecido!

– Seja lá o que for, ninguém vai estar aqui para te condenar, vamos procurar te ajudar, como sempre, Glorinha – tornou Bernardo, incisivo, deixando-a mais segura.

Só então, enxugando as lágrimas, ela lhe revelou o que tanto a assustava e perturbava:

– Bernardo, eu rompi meu namoro com Léo. Ele já foi embora com a mãe dele, tu sabes!

– Sim, há tempos eles diziam que se mudariam – afirmou o interlocutor.

– Hoje fui buscar o resultado de alguns exames! Bernardo, eu estou grávida!

A notícia deixou o filho de Bianca sem saber o que pensar. Por breves instantes, ele emudeceu. Glorinha, ainda bastante constrangida, não sabia como agir.

Era, sem dúvida, uma situação muito delicada. Não sabia de que forma comunicaria aos pais. Talvez fosse o caso de interromper a gestação indesejada, aventou ela. Não, isso não, rebateu Bernardo com segurança. Haveriam de encontrar uma alternativa que não exigisse o sacrifício da criança. No entanto, Glorinha permanecia muito confusa. Gerar um filho era algo totalmente fora de seus planos e certamente não estava nos planos de Léo, agora vivendo em outro estado. Uma sensação poderosa a dominava: um terrível medo de levar adiante a gestação.

Valeria a pena, perguntava a si mesma, alterar sua vida em razão de um descuido, de uma gravidez não planejada? Seria bom a uma criança vir ao mundo naquelas condições? Ela culpava o namorado por não ter se prevenido.

Por sua vontade passaria o resto do tempo abrigada nos braços protetores do irmão. Contudo, ele não tardaria a partir, estava apenas esperando o regresso da mãe para se despedir. Bernardo admirava muito Bianca e sua coragem em ser mãe enfrentando tantas adversidades. Tanto ela como Luciano foram pais dedicados e amorosos, e procuraram transmitir aos filhos o respeito por si mesmos e pelos outros.

Naquele instante em que o silêncio se fazia entre os dois, e Glorinha parecia estar mais calma, ele pensava sobre como diria a novidade a ela. Já devia estar desconfiada; afinal, pelo que lhe contou a irmã, foi seguindo o conselho materno que havia feito os exames.

Logo ouviram o barulho do motor do carro, indicando que Bianca estava chegando. Glorinha se despediu do irmão e foi rapidamente para o seu quarto. Não estava preparada para conversar com a mãe, não naquele momento.

Bianca chegou com muitas sacolas e o filho foi ajudá-la. Conhecendo-o profundamente, em seguida percebeu, em sua expressão, que algo sério havia ocorrido.

– Vem, querido, vou te levar. No caminho conversamos – limitou-se a dizer, rematando a frase com um sorriso.

Durante o trajeto, notando o mutismo de Bernardo, inquiriu:

– Glorinha já chegou, falaste com ela?

– Mãe, ela tem algo muito sério para te contar – afirmou o rapaz com um tom grave na voz.

– Sim, meu filho, e tu sabes que o que se passa com ela também se passou comigo e em condições ainda piores. Naquela época, só contava com o afeto extremo do meu pai e de minha mãe, que nada mais podiam me oferecer. Nós temos muito a oferecer a ela. Talvez, penso eu, por causa disso ela tenha se descuidado.

– Mãe, eu me preocupo com o que ela possa fazer... fiquei apavorado quando ela mencionou a ideia de se ver livre da criança. Tive uma impressão tão desagradável, cheguei até a passar mal e senti uma rejeição muito grande a essa ideia! Só em lembrar, a sensação ruim volta.

Bianca ouviu sem imaginar que ali estava um ser que já havia passado pela triste experiência de ser expulso do ventre de sua mãe, na ocasião, Gláucia. Esta, por sua vez, ressurgiu na experiência terrena como Glorinha, a passar novamente pela experiência da gravidez precoce. Certamente, por essa razão, a ideia do aborto causava a ele verdadeira repulsa.

– Meu filho, tua irmã teme mais a reação de Luciano, tu sabes bem! Eles se amam muito, mas sempre tiveram suas divergências. Teu pai sempre teve mais facilidade em se entender contigo e com a Gisele.

– Também pudera, mãe – considerou Bernardo –, a Glorinha sempre desafiou o pai, sempre competiu com ele. Eu sei que eles se gostam muito, mas é estranho. Desde criança ela tinha medo que o pai a abandonasse, lembra?

– Lembro sim – confirmou Bianca –; quando menina bastava que Luciano se atrasasse um pouco para pegá-la e ela quase entrava em pânico achando que ele a tinha deixado. Sempre reclamou da ausência dele. Queria-o por perto, mas, quando ele estava, acabavam se desentendendo por bobagem. Gisele, que tinha muito mais razão para ter problemas de convivência com o pai, já que demorou muito mais a conhecê-lo, sempre se entrosou bem com ele. Já Glorinha, que sempre o teve por perto, parece não se sentir segura do seu afeto. Nunca entendi isso, Bernardo, acho que vou morrer sem entender.

O rapaz chegou ao seu destino e despediu-se com um abraço demorado. Bianca sentia-se feliz em ver que ele estava trilhando o caminho que tanto desejara. Haveria de ser um oficial da Aeronáutica, era um estudante esforçado e talentoso, e estava se preparando com muita dedicação.

Era hora de retornar ao lar e conversar com a filha. Nem ela sabia bem o que dizer. Parecia que estava voltando no tempo e revendo tudo o que sentira quando se viu, muito jovem, como mãe solteira. Obviamente, havia feito tudo o que estava a seu alcance para que o mesmo não sucedesse a filha: orientara e aconselhara, mas, ao que tudo indicava, fora insuficiente frente aos arroubos e paixões da juventude. Sabia, de antemão, que não poderia contar com Léo, o jovem namorado que fora viver com a mãe no outro extremo do país.

Estacionou o carro e subiu para ver a filha. Ficou muito preocupada ao constatar que ela não estava em casa. Temeu pelo que ela pudesse ter decidido fazer, já que Bernardo a havia alertado quanto à ideia da irmã em interromper a gestação.

Glorinha era impulsiva e estava amedrontada e desesperada. Bianca pôs-se a ligar na tentativa de localizá-la, mas não conseguiu.

As horas passavam e Glorinha não aparecia, aumentando ainda mais a apreensão materna. "Onde foi essa menina, o que foi fazer, meu Deus?", indagava-se ao descobrir que nem as amigas mais próximas sabiam de seu paradeiro.

⁂

Luciano estava supervisionando as obras da escolinha de futebol. A pintura estava quase concluída, deixando tudo mais renovado. As obras de ampliação haviam custado muito caro, mas já estavam a termo graças aos esforços de toda a equipe dirigente, liderada por ele.

A escolinha de futebol fundada por Paulo, que começara como um projeto modesto de incentivo à prática do esporte em meio a uma comunidade carente da capital, havia prosperado bastante nos últimos anos. Granjeando o apoio financeiro de muitos investidores, ampliava suas instalações e proporcionava atendimento a um número maior de meninos e meninas que queriam se dedicar ao esporte. Continuavam a despontar alguns talentos que iriam se destacar nacional e internacionalmente, embora não fosse esse o objetivo principal da escolinha.

Passeando o olhar atento sobre o trabalho dos operários, Luciano se lembrou do dia em que esteve ali pela primeira vez, na companhia de Paulo e de seus filhos, Fábio e Álvaro.

Desde aquele dia sentiu que ali era o lugar onde desenvolveria seu projeto de incentivar as novas gerações à prática do esporte, do qual ele, tempos atrás, havia sido um ídolo. Nunca se arrependera de haver arregaçado as mangas. Com seu trabalho e de seus companheiros, dignificava a obra iniciada por Paulo.

Luciano estava tão ocupado, revisando a pintura do lado interno do campo, que mal percebeu a presença de uma jovem sentada na arquibancada. Curiosamente, era o mesmo local onde, tempos atrás, Bianca costumava se sentar para ver as partidas de futebol do irmão. Aproximou-se e só então pôde ver que era Glorinha.

Chamou-a. Ela estava muito triste, emudecida. Luciano temeu pelo que pudesse ter acontecido ao ver a fisionomia transtornada da filha.

– Por que vieste me procurar aqui? Eu já estava voltando para casa!

– Eu sei, pai, mas é que o senhor gosta tanto deste lugar que eu achei que seria bom se pudéssemos conversar aqui, sozinhos!

Glorinha tinha um tom trêmulo na voz. Ela procurava manter a calma, mas percebia-se que, intimamente, algo a agitava com intensidade. Não demorou muito a iniciarem um diálogo que seria inesquecível para ambos.

– Está bem, filha – concordou ele –, mas antes de começarmos a conversar avisa tua mãe que estás comigo. Ela já ligou umas três vezes, aflita porque saíste sem dizer nada! Fala com ela – rematou, estendendo-lhe o telefone.

– Não, pai – recuou a jovem, ainda mais assustada –, não vou falar com a mãe, não agora!

Luciano pensou tratar-se de mais uma das brigas e discussões entre Bianca e a filha. Tornaram a se desentender, considerou ele. Fitou a expressão de Glorinha, que fazia lembrar a de um réu às vésperas do veredito. Ela estava trêmula e assustada. Dessa vez, algo muito sério devia ter acontecido!

Enquanto ele conjeturava, o telefone tocou mais uma vez. Chamada de Bianca, que respirou aliviada quando soube que Glorinha estava com o pai. Não disse mais nada sobre o que teria sucedido, deixando-o ainda mais apreensivo.

Assim, ele chamou a filha para acompanhá-lo até o escritório. No caminho, foram cumprimentados por dona Dalva, uma das cooperadoras da escolinha desde o tempo em que era dirigida por Paulo.

Notou que Glorinha, sempre tão falante e expansiva, mal conseguia expressar as palavras ao conversar com a senhora. Ela logo seguiu, deixando-os. Luciano ficou ainda mais intrigado.

Tão logo chegaram ao escritório, ele serviu um copo de água à filha, líquido que ela sorveu com avidez, como se quisesse aplacar o fogo das fortes emoções que a agitavam internamente.

Ela o olhava, por vezes baixava os olhos e não encontrava maneiras de iniciar a conversa.

Luciano estava diante de sua filha de dezoito anos. Acompanhara toda a gestação de Bianca, estivera lado a lado com ela em todas as épocas de sua vida. No entanto, Glorinha sempre soubera surpreender a todos. Desde a infância era impulsiva, voluntariosa e intempestiva em suas ações. Acertos e desacertos na sua formação, pensava ele. Talvez, querendo corrigir os erros do passado quando se afastou de Rosana ao saber que ela engravidara, tivesse exagerado em mimos em relação à filha mais nova. Por certo, a havia protegido demais, fazendo com que ela sempre se sentisse no direito de exigir tudo de seus progenitores. São as armadilhas que criamos para nós mesmos na educação dos filhos, ajuizava o ex-jogador de futebol.

Em certo momento, ele deu início à conversa:

– O que houve, minha filha, o que está se passando? – indagou, imprimindo serenidade na voz.

– Pai, eu tenho um problema, mas também já tenho a solução – respondeu ela, segurando fortemente a bolsa.

Luciano continuou sem saber do que ela poderia estar falando. Era como se a solução estivesse guardada dentro da bolsa.

Glorinha levantou-se e pôs-se a olhar a janela. Como era difícil continuar a conversa. Tinha tanta vontade de que aquilo não estivesse acontecendo! Por que com ela? Não fazia a menor ideia da reação que Luciano teria ao conhecer a verdade. A mãe, por certo, já sabia; Bernardo devia ter contado. Uma vontade de sair porta afora a dominou por alguns instantes, mas ela decidiu ficar.

Luciano permaneceu sentado à mesa de trabalho. Se fosse Bernardo ou Gisele, certamente a conversa fluiria melhor. Os filhos mais velhos sempre souberam ouvir e se fazer ouvir. Gigi, que ele considerava a mais prejudicada dos três, já que se viu privada da sua companhia nos primeiros anos de vida, nunca cobrou nada dele em relação a seu comportamento. Sempre foi amiga, leal e amorosa. Gigi vivia em São Paulo, fazendo uma especialização de seu curso universitário. No fim do ano retornaria, preenchendo a saudade que deixara em todos.

Talvez ela, lúcida e paciente como sempre fora com os irmãos, pudesse ajudar Glorinha na sua dificuldade. Esta sempre ouvira muito os conselhos da irmã mais velha. Enquanto esteve presente, sempre soube orientá-la e chamá-la à responsabilidade em várias circunstâncias.

Luciano se levantou e andou em direção a Glorinha, convidando-a a sentar-se no sofá.

– Pai – disse ela –, o que eu tenho para te contar é muito difícil, tão difícil que eu nem queria que tivesse acontecido...

– Filha, estás me deixando ainda mais preocupado. Sei que deve ser sério, do contrário já terias me dito, mas seja o que for não vou te recriminar...

– Eu vou... ter um filho... – disse, com palavras entrecortadas e um olhar que fez Luciano recordar imediatamente de outra jovem, alguém com quem se envolvera anos antes, em sua juventude, quando vivera os áureos tempos de astro do futebol. Sim, aquela postura, o olhar, a mesma frase...

A sensação foi tão forte que ele emudeceu. Glorinha interpretou o silêncio como uma reprovação. E então, quase instantaneamente, foi retirando da bolsa alguns comprimidos e dizendo:

– Mas, como te disse, tenho a solução... se eu tomar estes comprimidos, não temos mais problema. Só não tomei por quê... nem sei ao certo como vim parar aqui... ah, pai, já não sei mais nada!! – rematou, levantando-se e tentando esconder o choro.

Glorinha estava mais uma vez em pé, em frente à janela, procurando acalmar a intensa emoção que a dominara. Por certo o pai concordaria com a ideia de interromper a gravidez. Não haveria de querer arcar com uma responsabilidade que cabia a um pai que estava distante, dando um novo rumo à carreira profissional, após ser aprovado em um concurso público, depois de anos de muito estudo e esforço. Era uma vitória merecida da qual Léo usufruía e a qual não era justo que ela modificasse, exigindo dele que assumisse uma indesejada paternidade.

Luciano permaneceu sentado, como se tivesse recebido um golpe de algum adversário em campo. Examinava os comprimidos que Glorinha deixara cair. Eram abortivos. Onde a filha os teria conseguido? Infelizmente, não devia ser tão difícil assim!

Observava a moça em pé diante da janela e por alguns instantes ficou em dúvida se era Gláucia ou Glorinha. O mesmo temperamento impetuoso e inconsequente. Anos antes, ele havia, com muita frieza e sem hesitar, induzido Gláucia, sua jovem amante, a abortar. Pareceu a solução mais natural para ambos. Contudo, quanto arrependimento isso lhe custou mais tarde! Até aquele tempo orava para que Gláucia o perdoasse sem imaginar que era a própria Gláucia, reencarnada, que estava ali, naquele preciso instante, ansiosa por ouvir sua decisão a respeito de assunto tão delicado.

— Pai, vou embora... ainda hoje resolvo o problema — disse ela, de súbito, voltando-se para pegar a bolsa.

Luciano deteve seu braço com firmeza.

— Eu errei, devo consertar meu erro! — declarou, com voz firme, faceando-o.

— Não se conserta um erro com outro ainda maior, filha! Não é justo fazer com que um ser inocente pague com a vida! Glorinha, tu não tens um problema, tu tens uma vida em teu ventre, um serzinho que veio para ser criado por ti.

Diante do olhar sereno e amoroso do pai, Glorinha sentou-se, chorando copiosamente. Seu corpo todo tremia quando ele a abraçou, envolvendo-a com carinho.

– Filha, esquece os comprimidos, não faz bobagem! Vais te arrepender pelo resto da vida! Não te arrisques, minha querida! Não faz isto!

– Tá bem, tá bem, pai, tá bem! – sussurrou ela, enxugando as lágrimas.

– Tu conheces a dona Dalva, sabes que ela é mãe do Fabiano. Lembras dele, não é?

– Quem não conhece o Fabiano, pai? Ele foi um dos alunos da escolinha, tornou-se um grande jogador e até hoje colabora com vocês.

– Isso mesmo! E não é só a nós que ele ajuda! Fabiano, jogador de destaque internacional, tem ajudado outras instituições que atendem a crianças desamparadas. Usa a influência que tem entre os mais jovens para incentivá-los a uma vida saudável, sem violência, na prática da solidariedade.

– Eu sei, pai! Já vi algumas palestras dele, são muito boas. Mas por que tu estás falando nele?

– Saiba, minha querida, que uma pessoa tão boa quase tem cortada a oportunidade de vir ao mundo.

– Como assim, pai? – indagou interessada.

– A mãe dele engravidou em consequência de um estupro! Tinha muitas razões para não querer o filho. Ainda assim, decidiu que ele nasceria. Imagina a coragem que ela precisou ter, as dificuldades que enfrentou? Sempre foi uma mulher com poucos recursos, que passou por uma violência dessas mais jovem do que tu...

– Pai, eu não sabia... coitada da dona Dalva!

– Dona Dalva é uma grande mulher, muito digna! Coitado de quem fez essa covardia com ela. Mas, como eu te dizia, em meio a tantas dificuldades, ela soube criar um homem de bem. Por meio dela, mesmo sendo concebido de forma violenta, veio uma pessoa iluminada, capaz de gestos generosos, que muito tem contribuído para o progresso da sociedade. Filha, contigo também será assim! Não corta o fio desta existência. Não estarás sozinha nunca, filha, nunca!

Glorinha e Luciano saíram abraçados e logo rumaram para casa. Bianca os esperava ansiosa, mas, ao perceber que a conversa havia tido um desfecho tranquilo, sossegou o coração.

Conversando com Luciano, ambos decidiram dar todo o apoio financeiro e emocional à filha e ao netinho, mas se comprometeram em nunca eximir a jovem mãe de suas responsabilidades. Ela continuaria os estudos para ingressar na universidade e encontraria meios para sustentar a criança.

Naquele dia de fortes emoções, Luciano demorou a conciliar o sono. A imagem de Gláucia, vez ou outra, assomava-lhe a mente, mas de maneira diferente. Quase podia vê-la sorrir novamente. Era como se agora ele se sentisse perdoado. Teve a chance de dar uma resposta melhor a um desafio que a vida insistia em lhe apresentar. Seria um avô e, embora se considerasse ainda muito jovem para a tarefa, sentia-se em paz consigo mesmo e com Deus.

capítulo **doze**

De trevas e de luz

Era primavera.

Tarsila regressara naquele fim de tarde de temperatura alta na capital porto-alegrense.

Acabara de ver o pôr do sol no Guaíba, cenário que a encantava desde a infância.

Estava no carro, olhando atenta o trajeto até a casa de Álvaro. Fábio e Rosana haviam esperado sua chegada no aeroporto.

Tarsila não voltava sozinha. Estava acompanhada pelo esposo Jardel e pelo filhinho de dois anos, Vittorio. Este adormecera em seus braços.

Era bom estar de volta. Tarsila e o esposo haviam se ausentado por alguns meses devido ao tratamento de saúde do pequeno, que necessitara passar por uma cirurgia cardíaca em um hospital em São Paulo. Ali estiveram o tempo necessário sendo hospedados pela família de Jardel. Todavia, o esforço fora recompensado, pois a cirurgia correu muito bem e Vittorio se recuperava de maneira surpreendente.

Rosana e Fábio contavam animados as últimas novidades. Não tardaram a chegar à ampla casa que havia servido de morada a Paulo e agora estava sob os cuidados de Álvaro.

Assim que o carro estacionou, logo se pôde ouvir a voz estridente do papagaio Tonho, empoleirado na entrada da casa, a anunciar:

– Alvinho, tem gente... Alvinho, tem gente!!

Logo o dono da casa se apresentou, saudando a todos com amplo sorriso.

– Tonho, meu sapeca, então estás aí, sempre forte e bonito!

Ao que o papagaio respondeu:

– Moça bonita, vem moça bonita!

Tarsila riu muito. Tonho era mais que um animal de estimação. Havia sido encontrado em um dia muito frio, ainda filhote, abandonado em um terreno baldio. Ela condoeu-se com a situação da pobre ave e a levou para o tio, biólogo, que passou a cuidar dele. Tonho recuperou-se e já estava havia mais de quinze anos vivendo em seu novo lar. Tarsila ironizava dizendo que ele ensinara o caminho às outras aves, visto que, com o tempo, Álvaro tivera de construir, em espaço disponível nos fundos da casa, um viveiro de pássaros, com a devida autorização das autoridades. Contava ele com a ajuda de amigos veterinários que cuidavam de muitos pássaros maltratados ou feridos que para lá eram encaminhados.

O tio de Tarsila fizera modificações na casa, mas conservara muito ainda dos tempos que ela ia visitar o avô nos alegres tempos da infância.

O casal e o menino não se demoraram muito em visita. Estavam cansados da viagem e queriam retornar ao lar, agora com a sensação agradável de missão cumprida.

Uma chance para o amor › **137**

No dia seguinte, outra tarefa importante aguardava Tarsila. Ela seria a expositora na sessão pública do passe em seu estimado remanso: o Centro Espírita Veredas da Luz.

Mais amigos para reencontrar, mais motivos para agradecer. Fez sentida prece ao entrar nas dependências daquela casa que a abrigara desde os tempos de menina. Com um pouco de esforço ainda podia se lembrar da primeira vez em que estivera ali, levada pelo tio Álvaro. A casa ampliara ao longo dos anos e Tarsila acompanhara muito do crescimento como ativa trabalhadora. Ali, seguindo diretrizes seguras, pôde educar sua mediunidade sob a supervisão cuidadosa de amigos do plano físico e do plano espiritual. E assim, por meio da psicofonia e da mediunidade de vidência, pôde prestar seu auxílio a inúmeras entidades que se manifestavam por seu intermédio nas reuniões mediúnicas.

Por essa razão, era muito bom voltar na companhia do esposo e do filho, após uma jornada bastante desafiadora, na qual as incertezas e possibilidades de fracasso eram muitas. A fé em Deus os sustentou nos momentos mais difíceis e agora retornavam como pais de uma criança em franca recuperação.

Vittorio não parecia mais o menino pálido e frágil que havia partido de Porto Alegre meses antes. Tinha as faces coradas, o olhar brilhante, cheio de entusiasmo pela vida. Ainda tinha de receber cuidados constantes e passar por consultas e exames periódicos, mas não mais padecia da moléstia que ameaçava pôr fim a sua existência.

Por esse motivo, Tarsila orava agradecida naquela noite. E, ao tomar a palavra, mais uma vez pôs-se a falar da vida e da importância de amá-la e preservá-la, por mais difíceis que fossem as circunstâncias. Era essa a mensagem que queria transmitir aos presentes, e faria com conhecida simpatia e naturalidade.

Entre os que a ouviam estava o estimado casal, Genaro e Carolina, já septuagenários. Eles sempre a haviam apoiado em todas as realizações que efetivara no Centro Espírita Veredas da Luz. Tarsila tinha uma empatia e uma liderança naturais, que sempre soube usar a bem da instituição que a acolhera ainda na infância.

Em outubro, os expositores haviam preparado temas a respeito da obra de Allan Kardec. E Tarsila, referindo-se às questões 358 e 359 de *O Livro dos Espíritos*, questões nas quais os espíritos esclarecidos responderam sobre o aborto provocado, comentou, seguindo a inspiração que recebia de um benfeitor:

– Em muitas ocasiões achamos necessário fechar as portas na nossa vida. Fechamos as portas ao entendimento, ao perdão, ao recomeço, a uma nova chance. Fechamos as portas porque nosso medo é mais forte, a falta de fé em Deus nos abate e não nos achamos capazes de uma conduta melhor. Fechamos as portas porque nos sentimos desamparados e perdidos em meio a uma situação difícil. E sabemos que muitas mulheres têm fechado as portas da maternidade com a prática do aborto, frustrando o renascimento de inúmeros irmãos que necessitam de uma nova oportunidade na vida material. Não é certo condená-las. Não devemos recriminá-las quando tudo faz parecer que, de fato, é a decisão mais acertada. Em muitos casos, elas aprendem por meio da dor e do arrependimento as consequências desse engano. A vida não cessa nunca, ensina sempre, e é muito bom quando nos colocamos na posição de quem quer aprender com humildade.

O tema suscitava o interesse dos ouvintes e Tarsila prosseguia com o mesmo tom fraternal:

– À mulher é dada a oportunidade de evitar uma gravidez indesejada por meio de inúmeros métodos contraceptivos. Somente quando a gestação representa risco de vida para a mãe se justifica sua interrupção. Mesmo nos casos de estupro deve-se respeitar o direito à vida do ser em formação, que não deve responder pela violência praticada por outrem. Mesmo nos casos de má-formação ou de enfermidade já identificada nos exames pré-natais, não nos é dado o direito de interromper a vida. Não nos cabe fechar as portas. O que nos cabe fazer é criar meios necessários, providenciando mesmo a doação, se for o caso, mas nunca interrompendo uma gestação que não ofereça risco à mãe, matando um ser indefeso.

Tarsila voltou seu olhar, por breves instantes, para o filho que estava sentado no colo do pai. Como era bom vê-lo ali, com os olhinhos brilhantes, fitados nela. Ao adotar Vittorio, ela e Jardel haviam garantido seu retorno à vida corporal, visto que a mãe legítima, portadora de grave deficiência mental, gerou um filho que não teria condições de educar devidamente. Com sérios problemas de saúde, desencarnou poucos meses depois do nascimento de Vittorio. A criança foi então encaminhada à adoção, pois não havia parentes que pudessem se responsabilizar por ele. Assim sendo, ele agora era legalmente filho de Tarsila e Jardel.

A expositora encerrou com versos que falavam da grandeza da vida e do quanto devemos amá-la e respeitá-la.

Ela sentia-se muito bem no ambiente do Centro Espírita. E voltar ali depois de meses de incertezas e angústias lhe havia feito um enorme bem. Retornaria para casa na companhia do esposo e do filho, mas não sem antes dar um demorado abraço em Genaro e Carolina, amigos que sempre receberam seu intenso afeto.

O dia seguinte também seria de muitas emoções. Iria reencontrar a irmã de alma, Gisele, também de retorno a Porto Alegre.

capítulo **treze**

Tempos de progresso

Sons de risadas infantis vinham do jardim da confortável residência de Tarsila e Jardel.

Dois meninos brincavam na tarde ensolarada, acompanhados pelo pequeno cão que, com seus gracejos, seguia os dois, Vittorio e Pietro, sobrinho de Gisele, que, da varanda da casa, acompanhava atentamente o movimento deles, divertindo-se também com a cena.

Pietro há pouco havia completado três anos de idade. O filho de Glorinha era um menino robusto, sadio e muito esperto. Fazia lembrar o pai, Léo, no tipo físico. Era muito carinhoso e falante, ainda que com pouca idade. Enfim, Pietro era uma criança que cativava pela espontaneidade.

Gisele sorvia um gostoso suco servido pela amiga de sempre, Tarsila, que observava o filho brincando com uma expressão enternecida. A outra, notando seu silêncio, seu modo contemplativo, nada disse. Por certo, era importante para ela usufruir aquele momento feliz na vida do filho, existência que estivera ameaçada de ser cortada em tenra infância. Graças à intervenção divina, a qual ela não cessava de agradecer, e à elevada competência da equipe médica que o atendeu, Vittorio podia ter uma vida normal, sem as privações e limitações que tinha antes.

Gigi, mesmo a distância, solidarizava-se com o sofrimento da irmã de criação, e pôde também assisti-la em São Paulo, no período em que lá esteve para o tratamento do filho.

Curiosamente, a casa em que Tarsila vivia com o marido e o pequeno Vittorio fazia lembrar muito a casa de seu avô Paulo, lugar preferido por ela. O pomar e os brinquedos eram muito parecidos. Era como se ela quisesse oferecer ao filho um pouco da infância feliz que tivera ao lado do inesquecível vozinho.

Agora, os meninos davam uma pausa nas brincadeiras para se servirem de um gostoso lanche.

Foi nesse momento, em que Tarsila saiu de seu ar contemplativo, que Gisele comentou:

— É bom ver esses dois meninos que enfrentaram suas lutas tão cedo se mostrando agora com tanta energia, não é?

— Felizmente, Pietro sempre teve boa saúde. Mas entendo o que queres dizer. A gravidez precoce de Glorinha exigiu muito de todos vocês.

— Sim, Tarsila. No início, a instabilidade da mana nos deixou muito preocupados quanto ao futuro do Pietro. No ano que vem o pai dele vai voltar a viver aqui porque conseguiu a transferência que há tanto tempo solicitou. Assim, ele, Glorinha e o filho vão poder viver juntos.

— Ela está procurando ser uma boa mãe para Pietro, está trabalhando e estudando também e, pelo que sei, amadureceu muito com tudo o que aconteceu — considerou Tarsila.

Uma chance para o amor › **143**

– Glorinha cumpriu com o que prometeu aos pais, tem se esforçado muito mesmo, como tu dizes.

Gisele entrou na sala e, voltando o olhar para uma estante, com vários porta-retratos, foi atraída para um deles:

– Não acredito que tu ainda tens esta foto que a mãe tirou quando éramos crianças: eu, tu e o Akira com aquela carinha sorridente... quanta saudade dele!

– Eu tenho esta outra também – indicou Tarsila.

Em outra foto, Akira estava abraçado com ela, com a camisa verde e amarela da Seleção Brasileira de Futebol.

– Eu lembro – completou Gisele com um sorriso –; foi quando vocês se encontraram em Tóquio, na Copa do Mundo!

– Ele decidiu mesmo ficar vivendo lá, com a esposa e a filha. Talvez venham ao Brasil no início do ano que vem e...

– ... vamos fazer aquela festa – falaram as duas quase ao mesmo tempo, vibrando de alegria com a ideia de mais uma vez se unir ao querido amigo de infância.

As duas amigas, distraídas, nem se deram conta de que estavam sendo observadas por dois pares de olhinhos curiosos. Tarsila perguntou:

– O que foi, filho, precisa de alguma coisa?

– Não, mãe, estava mostrando para o Pietro como ficas bonita quando estás rindo! Gosto muito de te ver assim! – explicou Vittorio, envolvendo seus pequenos braços em torno do pescoço de Tarsila.

Ela então pronunciou, comovida, uma frase que deixou Gisele intrigada:

– Ah, filho, como é bom te ter de volta na minha vida...

O que será que Tarsila quis dizer? Talvez, por pensar que o perderia para a morte, se sentia feliz em tê-lo de volta. O que mais poderia ser?

Pietro, o sobrinho, tirou-a de suas conjeturas, puxando a barra de seu vestido e perguntando com o ar travesso de sempre:

— Vamos ficar mais um pouquinho?

— Sim, querido, pode continuar brincando. Quando tua mãe chegar eu te chamo — rematou com um beijo na face do menino, que saiu correndo atrás do companheiro que lhe mostrava outro brinquedo.

Novamente, o ar de suspense na expressão de Tarsila. Só então Gigi se lembrou da frase que a intrigou.

— Agora há pouco falaste do Vittorio de uma maneira tão estranha... como se ele tivesse voltado... não entendi.

— É que tenho quase certeza de que ele já fez parte da minha vida e, por estranhos caminhos, retornou ao meu convívio, o que me deixa muito feliz porque sabes... pelos meus problemas de saúde eu não pude gerar filhos. Deus foi bom comigo e me trouxe Vittorio por outras vias. E, de alguma forma, sei que não é a primeira vez que isso acontece.

— Tarsila, agora me fizeste lembrar a nossa avó e as conversas que ela tinha com minha mãe a respeito de reencarnação! As duas nunca chegaram a uma conclusão!

— Eu penso mesmo que a relação de tua mãe com o meu pai de fato só prosseguiu, não se iniciou nesta existência. Eles sempre se deram tão bem! Um apareceu na vida do outro de maneira inesperada, quando já julgavam que nada de bom lhes aguardava no terreno do sentimento. Meu pai, ainda jovem, um viúvo inconsolável, e tua mãe, desiludida por uma relação malsucedida. No entanto, continuam e haverão de permanecer unidos e felizes ainda por muito tempo.

Gisele ficou pensativa por alguns instantes. Não é que desacreditasse das convicções reencarnacionistas da irmã, mas tinha sérias dúvidas. O que para uma era uma certeza, para a outra ainda permanecia como um mistério a ser decifrado.

Então, Gigi, com o jeito extrovertido de sempre, brincou:

– E eu.... será que também voltei para tua vida? – imitou ela, com um sorriso travesso.

– Eu tenho certeza de que nossa amizade não se iniciou lá na escolinha, minha irmã – completou Tarsila com um largo sorriso, convidando Gigi a se sentar novamente no agradável jardim.

Depois que os visitantes foram embora e Vittorio adormeceu serenamente, após uma tarde de brincadeiras, a dona da casa pôs-se a rememorar importantes lances de sua vida. Estava sozinha. O esposo, empresário bem-sucedido do ramo da informática, assim como seu pai, havia viajado a serviço e se ausentaria por mais alguns dias. A casa ficava vazia sem ele, mas a saudade era amainada pelos telefonemas e por contatos via internet.

Tarsila e Jardel formavam mais do que um casal apaixonado. Havia harmonia e grande entrosamento entre eles, o que era notado por todos e admirado por muitos. Haviam se casado pouco depois de concluírem a faculdade.

No fim da tarde, Tarsila meditava sobre a maneira que a vida se utilizara para retirar e trazer pessoas para sua vida. Cedo havia sido privada da companhia da mãe Cristiana e mais tarde do avô Paulo. Depois, a vida a presenteara com uma irmã postiça e tagarela, a Gigi, por quem sempre teve imenso afeto. Minha irmã não poderia ser outra, dizia. E Rosana, que pessoa admirável! Certamente não substituíra o lugar de Cristiana no coração dela e do pai, mas soubera cativar um lugarzinho só seu e espantara, com sua garra, vivacidade e gosto pela vida, de vez a tristeza daquele lar enlutado.

Sim, Rosana, à sua maneira, havia feito muito por eles e fizera por merecer o amor que recebia.

Assim, a vida lhe trouxera uma mãe, uma irmã e, depois, frustradas as esperanças em gerar um filho, lhe trouxera o desprotegido Vittorio.

O menino, segundo se soube depois, foi gerado por uma jovem que tinha distúrbios mentais e vivia somente com a mãe, em péssimas condições de moradia, em um dos bairros mais pobres da capital. O pai era um jovem que havia sido visto algumas vezes em companhia da jovem, mas cujo paradeiro havia muito tempo era ignorado. Tudo parecia apontar para o aborto como a melhor solução. Todavia, a avó do bebê, apesar de todas as dificuldades, não concordou com essa alternativa. Alguns meses após o nascimento de Vittorio, sua mãe faleceu e, pouco depois, a avó também desencarnou. Não havendo outros familiares que pudessem se responsabilizar pela criança, ele foi encaminhado à adoção e finalmente foi recebido no lar de Tarsila e Jardel.

A existência dele, todavia, continuava ameaçada pela doença cardíaca que o afetava. E mais uma vez coube a Tarsila salvá-lo, buscando todos os recursos possíveis para preservar sua vida.

E, assim, Vittorio voltou para a vida de Tarsila. Vinha com o coraçãozinho doente para que ela o ajudasse a consertá-lo. Coraçãozinho que, em existência pregressa, ela havia destroçado. Era a oportunidade de reajustar condutas, mesmo que isso exigisse muitos sacrifícios. Era tempo de progresso, de renovação, que sempre ocorre quando existe o amor.

capítulo **catorze**

Rememorando

Naquela tarde, eu acabava de registrar mais algumas anotações. Recordei muito a figura materna. Minha mãe repetidas vezes me disse: "Menino, tu vives no mundo das letras!" Dizia isso com muita ênfase, com seu carregado sotaque português, precisamente, transmontano.

Ela, de certa forma, pressentia que seria sempre assim. Desde a infância fui fascinado pelo mundo das letras. Os livros sempre alimentaram minha alma sedenta de conhecimento. Na busca por compreender melhor os fatos, as pessoas, o ser humano, tornei-me jornalista e vivi muitos anos de minha mais recente existência imerso no mundo das letras. Imensa foi minha alegria ao saber que poderia, na condição de espírito, consagrar-me a esta atividade que sempre me cativou.

Concluída a tarefa, preparava-me para sair quando, da janela de minha sala, avistei Cristiana, Paulo e Damiano conversando animadamente. Não tardei a juntar-me ao grupo.

O mais contente dos três era Paulo. A emoção de rever seus afetos o dominava. Estava regressando de uma visita à crosta terrestre. Uma bela comemoração se realizara para marcar os cinquenta anos de criação da escolinha de futebol criada por ele e alguns companheiros.

Paulo emocionou-se ao ser lembrado com profundo respeito, carinho e admiração por todos os que haviam privado de sua amizade. De fato, sua figura havia marcado indelevelmente a história da escolinha. Para seu contentamento, ali estavam os dois filhos, Fábio e Álvaro, e sua querida neta Tarsila, acompanhada do filhinho Vittorio e do esposo Jardel. Compareceram também Luciano, Bianca, os filhos Gisele, Bernardo, Glorinha e o netinho Pietro. Paulo identificou o rosto de muitos amigos, ex-jogadores e colaboradores. Enfim, foi uma tarde festiva, repleta de emoções.

Damiano, em certo ponto da conversa, comentou:

– É justo que colhas a satisfação de ver tua obra continuar progredindo e alcançando resultados cada vez melhores, Paulo! Realizaste uma obra a bem da coletividade; apesar do descrédito de muitos, não desanimaste e agora usufruis da agradável sensação de bem-estar que tens ao olhar para trás e perceber que algo de bom, de útil ficou da tua passagem pela Terra. Que muitos possam seguir teu exemplo!

Cristiana completou:

– Sim, eu mesma fui testemunha do esforço e da dedicação constantes de meu querido sogro em levar adiante o projeto da escolinha, mesmo tendo de vencer inúmeros desafios, como a escassez de recursos e a ausência de colaboradores. Hoje a escolinha cresceu também com o trabalho de Luciano e sua equipe, que souberam manter a proposta inicial de ajudar crianças carentes pela saudável prática do esporte.

Damiano fitou-me e, com um sorriso nos lábios, avisou-me:

– Fernando, dona Honorina está a tua espera, deseja muito falar contigo. Ela tem uma notícia a te dar; sei do que se trata, mas desejo que ela seja a portadora da novidade que há de te deixar muito feliz, amigo.

Damiano, após aguçar minha curiosidade, deixou-me e seguiu na companhia de Cristiana e Paulo. Quanto a mim, segui para o encontro com aquela que foi minha amada genitora na mais recente encarnação.

Não tardei a encontrá-la. Ela, com ar sereno, fisionomia alegre, logo me deu a notícia pela qual eu já aguardava havia algum tempo. Tinha sido concedida, pelos instrutores da vida maior, a permissão para que eu relatasse alguns fatos relacionados a minha recente encarnação, época na qual pude conviver com alguns dos amigos já citados, como Tarsila, Cristiana, Álvaro e Fábio.

Abracei minha querida mãe com ternura e contentamento e, para minha surpresa, ao virar-me, percebi a presença de Cristiana com o sorriso meigo de sempre, a convidar-me amigavelmente para um "passeio no tempo", como ela mesma disse. E, num convite irrecusável, disse-me com voz firme e gentil:

– Conta, Fernando, aos teus leitores um pouco de nossa história, para que ela não sirva somente a nós, mas a tantas outras pessoas! Não precisas esperar mais! Estamos todos prontos a colaborar contigo!

Ao ouvir estas palavras, comecei minha viagem no tempo e pude me ver novamente diante da máquina de escrever, na sala de redação de um conhecido jornal paulista. Era o ano de 1925 e eu era conhecido como Fernando Fontana.

⁂

Em uma tarde quente de verão, na sala abafada da redação, estava eu a me esforçar para colocar as ideias em ordem e concentrar-me ao máximo no trabalho que me havia sido designado. Mal podia imaginar o que estava por vir. Tão absorto na tarefa de redigir o meu artigo, demorei para ver que estava sendo chamado na sala do chefe de redação.

Ao chegar à presença dele, meu chefe, Vicente Amaury, finalizava um telefonema e ainda pude vê-lo mencionar meu nome:

– Sim, já está definido... vou mandar o Fernando fazer a reportagem!!

Fiquei ainda mais apreensivo. Era um rapaz de 26 anos, há pouco mais de um ano trabalhando naquele conceituado jornal. Gostava muito do que fazia e sempre procurava empenhar-me da melhor maneira em todas as tarefas que me cabiam. Não suspeitava, porém, do que me aguardava. Vicente, ao me ver, foi o mais objetivo possível e, sem mais cerimônias, foi logo me comunicando:

– Fernando, na próxima semana você vai para uma cidade no interior de Goiás para fazer uma série de entrevistas com uma jovem médium que está causando furor por lá!

Era a primeira vez que eu ouvia a palavra "médium". Nem fazia ideia do que pudesse se tratar. Vicente foi, a sua maneira, explicando-me do que se tratava:

– Ela é uma dessas pessoas que diz que pode se comunicar com quem já morreu. Dizem que acontecem coisas estranhas com ela, fenômenos que ninguém entende. Dizem também que é capaz de curar pessoas. Quero que você vá até lá e apure o que está acontecendo. Entreviste a moça, veja o que ela tem a dizer!

— Mas por que tenho de ir? — perguntei intrigado, curioso e apavorado ante a iminência de entrar em contato com algo inteiramente desconhecido.

Vicente, vendo meu estado, esclareceu-me:

— A matéria seria feita pelo Garcez, mas ele adoeceu. Não posso esperar que ele se recupere. Você vai no lugar dele. Confio na sua perspicácia. É bastante observador e saberá desvendar o que se passa na pequena cidadezinha. Tenho certeza de que essa reportagem vai provocar o interesse dos leitores. Vá, meu rapaz, a tarefa é sua. Desincumba-se bem dela, como tem feito até aqui.

Saí da sala com uma estranha e pesada sensação. Talvez se ele tivesse me mandado fazer uma reportagem em meio a uma guerra eu não tivesse saído tão apreensivo. Que tipo de reportagem seria aquela? Investigar gente que lida com almas de outro mundo? O Garcez certamente seria a pessoa mais indicada. Que hora para adoecer, pensei. No entanto, não adiantava argumentar. Estava designado para o trabalho como o soldado para o campo de batalha. E nos próximos dias seguiria para o interior de Goiás, onde vivia a médium Leonora Amorim, que, sabe-se lá por que razão, estava colocando a região em polvorosa em virtude de seus feitos inexplicáveis aos olhos de muitos. Lá estaria eu a caminho de viver uma experiência que mudaria radicalmente minha visão da vida, embora ainda ignorasse isso naquele dia, ao retornar para a minha máquina de escrever na sala abafada da redação do jornal.

No fim da tarde, antes de voltar para casa, fui ao encontro de um amigo que, esperava, pudesse pôr fim às inúmeras dúvidas que tinha a respeito do que era ser "médium". Macedinho era espírita, seu escritório de advocacia ficava próximo à redação do jornal. Para lá me dirigi apressado; devo ter entrado na sala do amigo com uma fisionomia bastante assustada, pois ele foi logo me perguntando, após me saudar com a habitual simpatia e irreverência:

— O que se passa, Fernando? Parecias aflito ao telefone! Em que posso te ajudar?

Apesar da prontidão do amigo em me ouvir, eu não sabia bem como começar. Nem eu mesmo sabia de onde vinha tanta insegurança diante de um trabalho a realizar. Aquilo nunca havia se passado comigo, sempre tão expedito em executar as tarefas, simples ou complexas, a mim confiadas.

Meu silêncio levou Macedinho a fazer suposições:

— O que houve, estás metido em alguma enrascada e precisas dos meus serviços de advogado? – rematou com bom humor.

— Não, não é isso, Macedinho! – esclareci com um sorriso desajeitado. – Preciso dos esclarecimentos de um amigo que entende de... espiritismo.

Foi assim mesmo que eu falei, fazendo uma pausa antes de pronunciar a palavra que eu mal sabia o que significava, tinha apenas informações vagas a respeito do que pudesse se tratar.

— Dependendo do que queiras saber, poderei te ajudar ou então te encaminhar para alguém que possa prestar melhores esclarecimentos. Diga-me, do que se trata?

— Eu quero saber o que é um médium, o que faz, essas coisas – falei, tentando ser objetivo e, certamente, ainda com expressão de assombro, que o amigo logo identificou.

— Foste procurado por alguém se dizendo médium?

– Não, pelo contrário, vou ter de entrevistar uma mulher que mora em Goiás para saber o que se passa com ela, pois parece que fenômenos estranhos ocorrem na sua presença.

Macedinho, que era colunista do mesmo jornal onde eu trabalhava, comentou:

– Não é a médium que o Garcez ia entrevistar?

– Sim, é a mesma pessoa! Você sabe, o Garcez adoeceu e então me pediram para ir no lugar dele.

– Que hora para adoecer! – brincou Macedinho. – Agora vais ter de encontrar com alguém que conversa com as almas do outro mundo!

Enquanto ele se divertia com a minha inquietação, eu continuava na frente dele, com a mente fervilhando de indagações.

– Enfim, parto na próxima semana para um destino incerto a fim de entrevistar alguém cujos poderes, se eu posso dizer assim, são de meu completo desconhecimento. De onde vem a tal força que a mulher tem para mover objetos a distância, conforme já me disseram alguns? Dizem também que ela já curou pessoas! Isso acontece porque ela é médium?

– Fernando, em primeiro lugar devo te dizer que vais falar com uma médium, não com um ser de outra galáxia, um extraterrestre. Médiuns são pessoas comuns, gente como nós. Não há nada que os torne superiores ou os caracterize como seres à parte na criação. Todos nós temos a aptidão de perceber a presença de seres espirituais ao nosso redor. Apenas, nos médiuns, isso se apresenta com mais intensidade. Os fenômenos que se processam com essa senhora Leonora, se não me engano, são estudados e explicados cientificamente pela Doutrina Espírita. Não têm o caráter sobrenatural que lhes conferem.

Ouvi o amigo, mas ainda custava a crer que pudéssemos entender pessoas que falam com os espíritos como pessoas iguais às outras. Para mim, continuavam sendo gente estranha, muito estranha. Insisti, bastante incrédulo:

– A seu ver, ela pode mesmo falar com quem já morreu?

– Isso te causa espanto? – inquiriu Macedinho.

– E não é para causar?! Isso não é algo que se dê com todos a todo momento.

– Ainda esses dias me disseste que falaste com Antoninho, teu irmão falecido, enquanto dormias! Nem por isso te disse que me falavas de algo que não acontece!

– É diferente, Macedinho! – afirmei.

– Não é, não! Teu irmão veio falar diretamente contigo no sonho, mas poderia ter se servido de um médium para te transmitir o recado. Ainda assim, estarias entrando em contato com alguém que julgas morto. Ou achas que tua conversa com teu irmão foi fruto da tua imaginação?

– Não. Falei com Antoninho no sonho. Ele se apresentou para mim tal como era, como costumava se vestir e falar comigo. Até pelo apelido ele me chamou – respondi, impondo convicção à voz.

Macedinho ergueu-se da poltrona atrás da mesa e caminhou vagarosamente em minha direção:

– Então, meu rapaz, por que achas tão impossível que esta mulher afirme que tem condições de entrar em contato com os "ditos mortos"? Falo assim porque eles não estão verdadeiramente mortos, como tu mesmo pudeste constatar ao falar com teu mano e ver que ele continua o mesmo; nada mudou, apenas a dimensão onde ele vive. E, permita-me concluir, se mortos não estão mortos, é natural que venham até nós manifestando-se pelos médiuns, pessoas que estabelecem o canal por onde vêm as mensagens enviadas por eles.

Comecei a entender a comparação feita por Macedinho. Desse ponto de vista, de fato, os médiuns nada faziam para merecerem ser tratados como lunáticos ou pessoas fora do comum. Se era essa a realidade da vida, era até lógico que tais fatos se passassem.

– Lembra-te do que o Antoninho te falou no sonho?

– Lembro sim. Ele me falou justamente sobre uma viagem que eu ia fazer, perguntava se eu já tinha feito as malas. Acordei sem saber do que se tratava, já que não tinha nenhuma viagem em vista, mas agora... tudo parece se encaixar! – concluí, surpreso.

Senti a mão de Macedinho em meu ombro. Em tom amigo, ele me orientou:

– Acredito firmemente, Fernando, que deves seguir para este trabalho sem medo nem hesitações. És a pessoa certa para realizá-lo. Uma razão muito forte te leva à presença desta moça, a Leonora. Cumpre o que te é reservado. São experiências assim, por mais estranhas e surpreendentes que possam parecer, que nos tornam mais amadurecidos. Creia em mim porque sei do que eu falo.

Saí do escritório de Macedinho ainda um tanto aturdido, mas ao mesmo tempo com a certeza de que eu teria uma grande tarefa a realizar pela frente.

capítulo **quinze**

Uma experiência inesquecível

A primeira vez que eu vi Leonora Amorim foi justamente no dia e no momento em que não esperava. Havia três dias que eu tinha chegado à pequena cidade do interior goiano, depois de difícil viagem. Assim que nos registramos na modesta hospedaria, logo percebemos, eu e meu colega fotógrafo, que uma aura de mistério cercava o nome de Leonora. As pessoas se recusavam a dar informações sobre ela e seu paradeiro.

Naquela manhã, porém, de maneira inusitada, encontrávamos nós dois, frente a frente, em lugar distante dos olhares maldosos.

Forte chuva castigava a cidade nos últimos dias, provocando uma enchente que atingira várias famílias pobres. Não apenas a curiosidade jornalística, mas a vontade de fazer algo de útil àquelas pessoas desesperadas me fez ir até a região mais atingida. E lá, onde eu menos podia supor encontrá-la, estava Leonora Amorim, abraçando uma menina que chorava desconsolada a perda dos pais.

Ela estava com a roupa encharcada, aparentava cansaço, mas procurava transmitir algum alento à chorosa criança que se abrigava em seus braços.

Ao ver aquela cena enternecedora, minha memória retrocedeu. Vi-me de novo diante de minha mãe e sua expressão estarrecida quando lhe revelei que iria viajar com a tarefa de entrevistar uma médium. Pude recordar com precisão um trecho do nosso curioso diálogo:

– Filho, então partes para falar com uma médium! Por Deus, não sabes que da boca dessa gente não sai nada que se compreenda ou se aproveite? E sabes por quê? Porque é satanás que fala por eles! É por artimanhas do demônio que fazem o que fazem, dizem trazer vida aos mortos e outras tantas coisas que o Criador não haveria de permitir! – bradou, tentando me convencer a não partir. – Não vás, meu filho, não vás ter com essa gente!

– Mãe, não posso me negar a ir, é o meu trabalho! Além disso, ela é só uma mulher; que mal haverá de me fazer?

– Uma mulher endemoninhada! – tornou, faceando-me.

– Mãe, não sou e nunca serei um covarde! Vou cumprir bem essa tarefa, assim como tenho cumprido todas as outras. Haverei de me sair bem.

Por via das dúvidas, saí de casa dias depois levando comigo medalhas de santos da devoção de dona Honorina, que, segundo ela, me protegeriam do pior. Saí de casa, portanto, como saíam os soldados das Cruzadas rumo à luta contra os infiéis.

Ali, naquela manhã, porém, não me parecia estar diante de uma endemoninhada. Leonora permanecia agasalhando nos braços a pequena, portando-se mais como se fosse um anjo da caridade.

Muitas coisas se diziam a seu respeito. O farmacêutico da cidade a responsabilizava diretamente pelo suicídio de seu filho, jovem de vinte anos que se apaixonara perdidamente por ela e fora rejeitado. Descobri isso de maneira acidental, quando precisei de um remédio e achei que ele pudesse me esclarecer sobre como encontrá-la. Ele me respondeu secamente, mal havia eu pronunciado o nome da jovem:

– Jamais diria a alguém o paradeiro daquela infeliz! Por mim, ela teria desaparecido da face da Terra há muito tempo, muito antes de ter causado o mal que nos causou! – disse-me, retirando-se em seguida, visivelmente aborrecido.

Foi o seu auxiliar que me explicou o que havia se passado e esclareceu-me também que eu não encontraria mais Leonora na cidade, e sim em uma pequena propriedade na zona rural. Acentuou ainda que se eu quisesse uma consulta teria de procurar por Emílio, segundo esposo da cunhada dela, Alice. Era o casal que agenciava, a bem dizer, as pessoas a quem Leonora atendia, tudo regiamente pago.

Emílio era um comerciante, tinha um empório na cidade. Procurei-o mais de uma vez, sem sucesso. Permaneci na cidade apurando mais alguns fatos. Meu colega seguiu viagem e, no retorno, juntaria ao meu material as fotos que conseguisse de Leonora.

Queria muito ouvir a versão da jovem médium. As informações colhidas eram desencontradas e contraditórias. Muitos a enalteciam. Diziam-se agradecidos por terem recuperado a saúde, após seguirem os conselhos dela; outros diziam ter visto novamente os amigos ou parentes desencarnados pela mediunidade de materialização. Muitos se recusavam a falar sobre o assunto. Os defensores, por assim dizer, não a culpavam pelo acontecido ao jovem, que, afirmavam, nunca havia sido muito equilibrado.

Já os acusadores atribuíam a ela inúmeras culpas, dizendo que era responsável por levar as pessoas a desenvolverem um misticismo exagerado e perigoso, que fazia com que muitos recorressem a práticas não autorizadas pela Igreja Católica. Sem contar o número de pessoas que ela atraía para a cidade, muitas miseráveis, que não tinham mais a quem recorrer e a procuravam na esperança da cura para seus males. Elas não eram bem-vistas nem pelos moradores, nem pelos políticos da região.

Pensava em tudo isso quando estava frente a frente, a curta distância, da controvertida e ameaçadora mulher, porém de aspecto frágil, muito franzina e de traços delicados. As roupas molhadas e sujas, e os cabelos desalinhados davam a entender que ela já devia estar havia algumas horas no atendimento e socorro às vítimas da enchente.

Também a respeito disso, corriam comentários pela cidade. Dizia-se que Leonora havia previsto com antecedência a inundação e procurado as autoridades competentes para alertá-las que preparassem a população, retirando-os das áreas de risco. Foi ignorada. Nada foi feito. E, agora, muitos sofriam as consequências de um mal que poderia ter sido evitado.

E eu, com tantas perguntas a fazer, que havia organizado mentalmente um roteiro para a entrevista, para que nada se perdesse no momento em que eu estivesse frente a frente com ela... naquele preciso momento, quedava-me emudecido diante da intrigante figura.

Ela me olhava curiosa, mas não parecia preocupada comigo. Por um instante tive a impressão de que ela não me olhava como um estranho. Era como se minha presença não exercesse sobre ela a mesma surpresa e o mesmo impacto. Leonora, apesar do sofrimento, passava tranquilidade, nenhum receio a dominava.

A menina, que não devia ter mais de dez anos, ainda soluçava em seu colo, mas parecia mais calma. Um silêncio se fez entre as duas, que pareciam se entender, dispensando as palavras. A pequena a beijou ternamente e seguiu em outra direção, onde outras pessoas a aguardavam. Eu apenas observava sem nada dizer. Foi Leonora quem teve a iniciativa de começar a conversa:

– É o senhor que tem estado à minha procura nos últimos dias?

– Sim, eu mesmo. Meu nome é Fernando Fontana, gostaria muito se pudesse dispor de alguns minutos para me dar sua versão dos fatos que a envolvem!

– E por que eu faria isso, senhor? Não necessito explicar nem me defender de coisa alguma! Todos são livres para pensarem o que quiserem de mim – respondeu-me, levantando-se e caminhando vagarosamente em minha direção.

Ainda tinha a esperança de fazê-la entender meu ponto de vista.

– Compreendo o que a senhora diz. Mas espero que também compreenda meu papel de levar a informação correta às pessoas, livre de deturpações, a serviço da verdade. Muitos querem entender o que de fato se passa por aqui. E eu quero ser honesto e imparcial em meu trabalho de jornalista. Esse é meu dever e é para isso que conto com a sua colaboração em seu próprio benefício.

"Médiuns são mesmo pessoas estranhas", julguei eu mais uma vez. Enquanto falava com ela, tive a nítida impressão de que ela não olhava somente para mim. No entanto, não havia mais ninguém ali além de nós.

Ela ouviu-me sem interromper minha argumentação. Indagou assim que eu encerrei:

— Acha que conseguirá ser imparcial escrevendo uma reportagem informativa, que não me acusa nem me defenda, mas faça as pessoas entenderem melhor o que acontece comigo? Pois bem, senhor Fontana, vendo sua sinceridade e vontade de me compreender, devo lhe dizer que nem eu mesma saberia informá-lo o que se passa, e continuo achando desnecessário que um jovem jornalista ocupe suas horas comigo.

Leonora passeava seu olhar enigmático em torno de mim, e concluiu:

— No entanto, não devo decidir sobre isso sozinha. E, embora continue achando desnecessário, não vou lhe dar minha palavra final hoje. Como o senhor vê, estou muito ocupada tentando ajudar feridos e desabrigados por esta enxurrada que afetou a tantos! Não vou parar o que estou fazendo para dar uma entrevista tentando explicar o que faço e por que faço.

— Não posso permanecer muitos dias na cidade – informei. – Quando acha que eu poderia procurá-la novamente?

— O senhor não precisa me procurar, saberei como encontrá-lo, e não demorarei muito. Além disso, talvez o senhor não consiga retornar no tempo previsto. As estradas ficaram intransitáveis devido à chuva e uma ponte terá de ser substituída. Ao que parece, o senhor precisará ficar mais do que imaginou. Aproveite e conheça nossa região.

Leonora tinha razão. Meu colega não voltou no dia combinado, pois as estradas estavam em péssimo estado. Naquele dia, nossas conversas se encerraram. Ao longe, uma voz masculina chamava por Leonora, recomendando que ela não se tardasse, uma vez que já se ausentara em demasia e era preciso voltar para casa. Por certo, devia ser Emílio, a quem eu ainda não conhecia pessoalmente.

Findou-se assim nosso "encontro casual". Localizei-a onde eu menos esperava, quando nem sequer a buscava, e a figura que eu via agora se afastar apressadamente em nada correspondia à mulher exótica que minha imaginação havia fabricado desde o instante em que fui informado pelo chefe que havia sido o escolhido para entrevistar uma médium. Retirei-me um tanto aturdido, porém ainda mais disposto a fazer um bom trabalho jornalístico.

⚜ ⚜ ⚜

À noite, enquanto jantava na hospedaria, notei a presença de distinto senhor e a atenção que lhe era concedida. Devia ser alguém muito importante e considerado, presumi. Talvez se tratasse de alguma autoridade local. O homem aparentava cerca de sessenta anos de idade. Era bem falante, vestia-se com sobriedade e parecia conhecer a todos. Vi quando alguém o saudou em voz alta:

– Doutor Dantas, como está? Sei que esteve ocupado durante o dia atendendo aos feridos!

– Sim, o dia foi longo – confirmou ele. – Iniciou-se cedo e terminou tarde, e amanhã outras tantas pessoas continuarão a ser atendidas. Esta cheia foi das piores que já se viu.

– Dizem que Leonora previu tudo, mas não lhe deram ouvidos.

Para minha surpresa, todos olharam o homem com ares de censura. O doutor calou-se e sua expressão, até então cortês e gentil, passou a denotar profundo desagrado, como se estivesse contrafeito com a observação do outro.

Fez-se um silêncio constrangedor no ambiente. Naquele instante, lembrei-me da instrução de meu chefe: "o bom jornalista deve ser antes de mais nada um bom observador, deve estar atento e saber ouvir". Foi isso que procurei pôr em prática naquele momento. Estava bastante intrigado com o que presenciei. O tal doutor Dantas por certo deveria ser um dos detratores de Leonora, e o rapaz que o saudara, um de seus defensores.

O senhor terminou sua refeição e saiu, despedindo-se educadamente dos presentes. Assim que ele saiu, o dono da hospedaria ralhou com o outro que havia feito a observação:

— Foste inconveniente, Armindo! Não sabes que aborreces o doutor Dantas quando falas de Leonora?

— Não disse nada de mais — defendeu-se o outro, sacudindo os ombros. — Toda a cidade sabe que isso aconteceu. Se não ouvir de mim, vai ouvir de outros. Ele não pode levar a vida assim, fingindo que a filha não existe.

Calou-se e sentou-se, fazendo seu pedido. O assunto passou a girar em torno de outros temas, mas eu permanecia curioso, querendo saber mais a respeito do que ouvira. Tive de esperar bastante até que Maneca, o dono da hospedaria, pudesse me pôr a par da história. Só bem mais tarde soube do que se tratava.

O doutor Dantas era de fato um médico muito bem-conceituado na região. Era conhecido por sua grande generosidade em atender a todos, indistintamente. Para muitos, era a caridade em pessoa, um verdadeiro apóstolo da medicina, como se dizia.

Vivia ali há muitos anos, desde a mocidade, quando se casou com Eugênia e com ela teve dois filhos: Carlos e Leonora. O primeiro quis dedicar-se à carreira política, já a filha quis ser professora.

O casal deu excelente formação aos filhos. Bem jovenzinha, Leonora já dedicava algumas horas da semana para ensinar as primeiras letras às crianças carentes.

A moça era estimada por muitos. Foi quando começaram a acontecer fenômenos que já tinham se manifestado na infância. Ela passou a ver e descrever gente desencarnada, falar de fatos que ainda não haviam acontecido. Por vezes, entrava em transe e falava coisas que ninguém entendia, portando-se de maneira totalmente diferente do que era.

Os pais ficaram confusos. Todo o saber do doutor Dantas parecia insuficiente para compreender o que acontecia com a filha, que passou a se comportar de forma cada vez mais estranha. Passaram a suspeitar de doença mental e quiseram interná-la na capital.

Foi então que Carlos, recém-casado com Alice, colocou-se terminantemente contra essa possibilidade. Não acreditava que a irmã mais nova, a quem ele tanto amava, houvesse perdido o juízo. Não deveria ser essa a questão. Contrariando a vontade paterna, ele não a internou; levou-a para morar com ele e a esposa na casa que adquiriram na zona rural, um lugar tranquilo, longe da curiosidade alheia. Lá, Leonora haveria de se recuperar bem, fosse qual fosse o estranho mal que a afetara. Era essa a esperança de Carlos.

No entanto, para a surpresa de muitos, na zona rural, Leonora passou a receber orientações espirituais, dizia ela, para oferecer às pessoas que padeciam dos mais diversos males.

Eram medicamentos feitos com ervas e que passaram a ajudar inúmeros pacientes. Ao saber disso, doutor Dantas ficou ainda mais irritado, rompendo definitivamente com a filha. Proibiu-a até de usar o nome de família, e a moça passou a ser conhecida com o sobrenome materno: Amorim.

Naquela época, eu ainda julgava as pessoas com base no meu estreito entendimento. Passei a criticar a conduta dúbia do festejado doutor Dantas. Como era possível alguém considerado humanitário e altruísta ser tão perverso e cruel com a própria filha? Até onde entendi, ele passou a rejeitá-la, a comportar-se como se ela não existisse. Os anos se passaram, o doutor enviuvou, perdeu o filho Carlos tragicamente em um acidente de automóvel e nada disso fez com que ele mudasse sua conduta em relação à filha, que, por sua vez, parecia ter se acostumado com a decisão do pai e não tentava uma reaproximação.

Leonora passou a viver com Alice, sua cunhada. Foi a ela que dona Eugênia, no leito de morte, pediu que velasse pela filha, que não deixasse nada lhe faltar. Dona Eugênia temia pela saúde mental da jovem que passara a viver longe da família. Alice, em consideração à boa senhora, procurava cumprir com o juramento e, mesmo tendo se casado algum tempo depois com Emílio, o dono do empório, ainda assim continuava a abrigar Leonora e a cuidar dela.

Lembrei-me da moça que havia conhecido naquela tarde. Deveria ter cerca de 24 anos. Quanto sofrimento para alguém tão bem-nascido, pensei eu. Certamente, não fossem os tais dons mediúnicos e tudo poderia ter sido bem melhor na sua vida. A tal mediunidade devia ser um fardo pesado demais para ombros tão frágeis, conjeturei eu.

Voltei ao meu quarto e passei a fazer minhas anotações, tentando montar meu quebra-cabeça e fazer um retrato o mais fiel possível de Leonora Amorim, já que essa era a tarefa que me competia. Restava agora ouvi-la, e essa oportunidade eu aguardava cada vez com mais ansiedade. Todavia, ela mesma havia me dito que não a procurasse; saberia como me encontrar. Felizmente, isso não tardou a acontecer. No segundo dia após nosso primeiro encontro, pude novamente estar diante dela para a tão esperada entrevista.

Pouco antes do meio-dia, retornei do telégrafo da cidade, onde havia passado um telegrama ao jornal informando para minha mãe que tudo estava bem. Leonora e a cunhada Alice saíam de uma costureira. Cumprimentei-as e ia seguindo meu caminho quando Leonora me deteve, delicadamente, segurando meu braço. Retornei, e meu olhar não encontrou a jovem desalinhada de outro dia. Ela trazia os cabelos negros presos à altura da nuca. Tinha lindos olhos azuis, pele clara, traços finos e graciosos. Vestia-se com singeleza e elegância. Era, sem dúvida, "uma bela rapariga", como diria dona Honorina. Ela pediu-me que a encontrasse em sua casa, às quinze horas daquele mesmo dia.

E assim foi feito. À sombra de uma acolhedora figueira, naquela tarde ensolarada, Leonora recebeu-me para um delicioso chá. Não tinha a intenção de dar uma entrevista formal. Não sentia mesmo necessidade de explicar nem justificar nada. Respeitava minha iniciativa de ir de São Paulo até o interior de Goiás, em viagem arriscada, para dar-lhe voz. Responderia aos meus questionamentos, embora tivesse muita dificuldade em falar de si mesma. Ainda assim, confiava no meu critério de seleção para escolher o que seria publicado.

Feitas as ressalvas, iniciamos a conversa. Leonora descreveu-se como uma jovem comum, como qualquer outra de sua idade. Gostava de ler, de se divertir, amava música e se dedicava a algumas pessoas. Perguntei se essa vontade era compreendida e respeitada pelas pessoas que a cercavam, já que eram fortes os rumores de que a cunhada e o esposo se serviam dos dons mediúnicos dela para auferir proventos financeiros.

Leonora calou-se por alguns instantes. "Será que fui longe demais?", pensei, "expressando a questão dessa maneira?" Talvez, mas era uma dúvida para a qual eu queria resposta; precisava muito saber o posicionamento dela a respeito. Afinal, acreditava que fosse sincero o seu desejo de ajudar o próximo, mas seria grave se alguém estivesse explorando sua boa-fé. Ou será que ela estava levando alguma vantagem também? Esta era uma das questões que fervilhavam em meu cérebro naquele dia.

Ela levantou-se e pôs-se a olhar o horizonte. A paisagem de fato era muito bela. Campinas verdejantes cercadas, ao longe, por montanhas. Podia-se encher os pulmões com ar puro. Ali era a casa do irmão de Leonora, falecido havia alguns anos. Próximo dali, morava a cunhada, Alice, com o esposo, Emílio. Ela ia visitá-la regularmente, tal como prometera à mãe da médium.

– Acredites, Fernando, sofri muito quando descobri que isso estava acontecendo – disse-me, voltando-se para mim. – Nunca confiei muito em Emílio, que sempre me pareceu um homem sem escrúpulos, querendo enriquecer a qualquer custo. Procurei alertar Alice, mas, ao que parece, os dois estavam apaixonados e, contra a paixão, não temos argumentos. Eles decidiram se casar e, tão logo Emílio tomou conhecimento de que pessoas me procuravam para saber dos parentes desencarnados, já que eu conseguia obter notícias deles, descrevendo-os muitas vezes com riqueza de detalhes, imaginou uma maneira de me explorar financeiramente. No início, eu, em minha ingenuidade e porque achava tudo natural e divertido, não me opus a que assim fosse. Prestava-me ao meu papel como se fosse uma atração circense. Nem percebia que estava sendo explorada. Certo dia, fui alertada por uma entidade espiritual de que não era correto o que eu fazia e que se continuasse a mercadejar com dons mediúnicos iria me arrepender em seguida e passar por grandes sofrimentos até aprender a valorizá-los devidamente. A entidade espiritual se apresentou como um senhor, identificou-se como Demócrito, e disse dirigir e orientar as sessões de materialização.

Chamou-me a atenção a naturalidade com que Leonora se reportava aos seres do outro mundo, pessoas que a maioria imagina estar no paraíso ou no inferno, seja como for, apartadas do convívio. Para ela, não era assim, e eu nunca havia conversado com alguém que visse a vida daquela maneira. Para mim, portanto, estava sendo uma experiência fascinante. Naquela época, ainda muito rapaz, não poderia imaginar que aquela seria apenas a primeira das muitas vezes que eu colheria depoimentos de médiuns pelo mundo afora.

– O que tu fez em relação à orientação que recebeu de Demócrito? – indaguei, como se já estivesse bem familiarizado com a "alma do outro mundo".

– Ignorei-a totalmente, meu caro! Os apelos de Emílio e sua visão de que nada havia de mal no que estávamos fazendo me fizeram continuar e... sofri tremendamente. Ainda me recupero da malsucedida sessão de materialização para a qual se apresentaram dezenas de pessoas. Uma delas agarrou-se à filha desencarnada e, em seguida, invadiu a cabina onde eu estava. Sacudiu-me com tanta intensidade que eu passei mal, meu sistema nervoso ficou seriamente abalado. Perdi os sentidos e demorei a recobrá-los. Foi uma experiência terrível. Nunca mais tentei nada semelhante. Passei a pedir aos céus, desde então, que um dia eu pudesse sair daqui e deixar tudo isso para trás.

Havia uma expressão de desalento no rosto de Leonora, agora novamente sentada à minha frente. Esperei que ela tomasse um gole de chá para se recuperar da forte emoção com que narrava os fatos importantes que lhe haviam marcado a experiência como médium.

– Perdoe-me a ignorância, talvez eu não seja a pessoa mais indicada para conversar com você sobre isso. Mas como a maioria das pessoas é leiga no assunto e tem as mesmas dúvidas, creio que nosso trabalho ainda poderá contribuir para alguns esclarecimentos. Leonora, pelo que eu entendi, sua faculdade existe independentemente de sua vontade e você vai continuar a ser médium onde quer que se encontre. Por que então acredita que se sair deste lugar tudo será diferente?

– Sim, eu sei disso, Fernando – anuiu a entrevistada. – Mas gostaria de viver em um lugar e com pessoas em quem pudesse confiar e que pudessem me ajudar a compreender o que se passa comigo desde a infância. Já deve saber dos dissabores que tudo isso tem me custado. Vivo apartada de minha família, sob a influência perniciosa de Emílio, que continua a se portar como se fosse meu agenciador, embora eu me negue terminantemente a atender a seus propósitos escusos. Ainda assim, ele engana as pessoas, aproveita-se da boa-fé delas em meu nome e continua lucrando. Sim, essa é a verdade.

Leonora fez uma pausa e continuou:

– Sei também que isso vai acontecer. Um dia partirei daqui. Um homem virá me tirar deste lugar. Só espero que não demore muito, pois minha saúde, que sempre foi frágil, parece se depauperar a cada dia. Já não tenho mais a mesma energia de antes. Minha teimosia no erro de fato custou-me muito caro e eu estou perto da exaustão de minhas forças. Gostaria de continuar a ajudar, mas em outro lugar. Aqui sou motivo de pilhérias, zombarias, sou vista como um bicho raro e em parte isso se deve a mim mesma, que, por muito tempo, compactuei com essa situação.

Estava sendo difícil ouvi-la com a desejada imparcialidade. Apiedei-me da forma como falava de si mesma, mesclando arrependimento, sofrimento, remorso e uma grande vontade de começar de novo. Tentei animá-la dizendo:

– Nem todos a veem assim, há muitos que a estimam, admiram e têm sido beneficiados, já colhi vários depoimentos...

– Colheu o depoimento de meu pai, senhor Fontana, o ilustre e eminente doutor Dantas? Certamente não! Para ele é como se eu tivesse morrido bem antes do Carlos!

Calei-me, tomado de surpresa pela interrupção brusca de Leonora, que impunha imensa mágoa em seu tom de voz. Doía-lhe profundamente referir-se à figura paterna daquela forma, era visível. Por prudência, não fiz nenhuma pergunta. Apenas esperei para ver se ela continuaria ou não.

Retomando a palavra, ela prosseguiu:

– Às vezes, penso que ele tinha razão, talvez tivesse sido melhor eu ter sido internada em um hospital para doentes mentais. Isso teria me poupado de todos os vexames e dissabores.

– Pensa assim mesmo, Leonora? Eu tenho certeza de que um manicômio não é lugar para você!

– Gostaria também de ter essa certeza, mas o fato é que até hoje ainda não sei qual é o meu lugar no mundo, Fernando. Não guardo ressentimento de meu pai, embora não consiga entender como ele consegue agir dessa maneira. Sempre foi amoroso comigo, éramos muito ligados. No entanto, bastou ver fatos para os quais a sua ciência não encontrava explicação para se colocar ao lado dela, de suas verdades, e contra mim: a criança que ele afagava e mimava. Sinto saudades daqueles tempos, Fernando, como sinto! Amava demais minha mãe, meu irmão, meu pai. Hoje ele me vê como uma curandeira que concorre com ele, e eu nunca, Fernando, nunca pretendi isso!

Leonora falava-me com extrema emoção. Procurou acalmar-se para dar continuidade à conversa. A seguir, brincou:

– Será que meu pai vai ter de ler em seu jornal que eu o amo?

Pus minha mão em seu braço e falei, também emocionado:

– Ainda que sirva só para isso, minha vinda até aqui já terá valido a pena.

O sorriso voltou à face de Leonora. Subitamente, porém, ela passou a olhar-me da mesma maneira como fez aquele dia em que nos encontramos pela primeira vez, tornando a deixar-me intrigado. A seguir, pronunciou-se em tom veemente:

– Fernando, por hoje é só. Acredito que já tem um bom material para sua reportagem. Agora, acompanhe-me até o interior da casa, por gentileza.

Acompanhei-a, já pressentindo que algo estaria por acontecer. Sentia um misto de curiosidade e apreensão. Voltou-me à mente a figura de minha mãe e sua maneira peculiar de falar dos médiuns: "são pessoas estranhas, não se compreende o que dizem, isso porque é o satanás que fala por eles!"

Mal sabia eu que estava por viver uma das experiências mais extraordinárias daquela existência.

Leonora avançou devagar à minha frente, em direção ao interior da casa. Em dado momento, virou-se e disse:

— Não sei das suas convicções religiosas, devo respeitar sua vontade caso não queira assistir como se dá o meu trabalho com aqueles que já se foram deste mundo. Algo me leva a crer que alguém quer lhe ditar uma mensagem.

— Uma mensagem... do Além... para mim? — tartamudeei.

A médium viu que eu estaquei surpreso pela revelação. Tratava-se de algo além da minha compreensão. No íntimo, talvez até desejasse mesmo ver como se dão as tais manifestações. Leonora agiu bem, com cautela. Preveniu-me. Eu deveria mesmo estar a par do que poderia se suceder para decidir se queria ou não.

— Você faz assim com todas as pessoas que a procuram?

— Tenho observado que, em geral, quando me procuram é porque alguma mensagem as aguarda. Não as chamo, nada provoco. Certa vez, um vizinho desencarnou; depois de alguns meses passei a vê-lo em torno de mim. Dias depois, sua irmã, vencendo a incredulidade, veio à minha procura e recebeu uma das mensagens mais comovedoras!

— Você conhece o conteúdo das mensagens à medida que as recebe?

— Não, ignoro completamente. Elas vêm com uma grande rapidez, não consigo controlar meu impulso para escrever. Tenho recebido variados tipos de comunicações, em versos e mesmo em língua estrangeira. Posso mostrá-las se quiser.

— Sim, muito me agradaria ver esse material. Leonora, até aqui não tenho motivos para duvidar do que me disse.

No entanto, devo lhe confessar, não sei se estou preparado para participar de uma experiência de natureza mediúnica.

A médium sorriu. Por certo não era a primeira vez que ouvia isso.

– Nunca estamos preparados para experiências desta natureza. Sempre acabam nos surpreendendo de uma ou outra maneira. De tudo fica uma certeza: a vida é muito mais bela, grandiosa e justa do que imaginamos.

Esta frase, pronunciada com veemência, marcou-me profundamente. Nunca mais a esqueci. Serviu para me tranquilizar e seguir com ela.

Na soleira da porta estava Alice. Ela deteve a cunhada. Mantendo uma distância razoável, ainda pude ouvir o que as duas diziam em voz baixa:

– Norinha, veja bem o que está fazendo. Este rapaz não acertou nada com Emílio. Ele não gosta quando você atende pessoas sem a permissão dele... você sabe!

– Sei o que estou fazendo, Alice – rebateu Leonora com firmeza. – Emílio pode ter muito poder com você, mas não tem o poder de governar as relações entre os dois mundos. Não é ele quem dita as normas do meu trabalho, e nunca será.

– Você é ingrata com Emílio... não fosse por sua assistência e proteção, tu estarias abandonada e sem rumo, pois nem com tua família podes contar!

A essa altura eu intervim:

– Leonora, por favor, não quero que faça nada que vá lhe causar problemas. Não por mim. Não devo jamais expor um entrevistado a uma situação de risco.

– Acredito mesmo que teu trabalho já está encerrado, senhor! Deve partir o quanto antes. Não quero que meu marido se aborreça – advertiu Alice.

Leonora nada disse. Apenas rumou para dentro da casa, dirigindo-me um olhar firme e de quem sabia o que estava fazendo.

Naquele instante tinha uma séria decisão a tomar. A curiosidade imperou e fez com que eu me movesse rapidamente em direção à sala onde ela estava. A minha curiosidade, aquela que sempre foi minha aliada e, ao mesmo tempo, sempre me pôs em arriscadas situações quando acompanhada da imprudência. A curiosidade, a mesma que meu pai cedo identificou em mim, desde a infância em Trás-os-Montes, quando me dizia: "menino, cuida-te! Esta tua curiosidade ainda vai te pôr em maus lençóis". Lembro-me da advertência paterna com carinho, mas hoje avalio o quanto ela também me fez aprender muito e compreender melhor a vida e as pessoas; isso quando aliada à temperança.

A sala onde entrei tinha uma luz fraca, quase obscura. Leonora estava sentada atrás de uma mesa simples; à sua frente, algumas folhas de papel e alguns lápis. Ela sorriu ao ver-me entrar e disse, em tom de brincadeira:

– Ora, senhor Fontana... é a tua curiosidade jornalística que te traz aqui ou é tua grande vontade em devassar o outro mundo?

Ela parecia gracejar do que se passava com o assustado rapaz que tinha à sua frente. Quanto a mim, ainda inquiria: "que fazes aqui, homem? E vens mesmo ter com o tinhoso, como assegurou tua mãe?" E tornava a perguntar-me: "que alma de outro mundo será essa que quer falar comigo?"

Assustei-me mais ainda quando Leonora passou a falar comigo como se respondesse à pergunta que eu formulara apenas para mim.

– Eu já o vi naquela tarde em que o encontrei pela primeira vez. É o mesmo rapaz de expressão bondosa; apresenta-se com trajes da cultura portuguesa. Deve ter cerca de catorze anos de idade. É muito afetuoso com você.

A médium fez uma pausa como se quisesse captar mais alguma informação. Eu, quase instintivamente, agarrei-me à medalha de Nossa Senhora benzida pelo padre de minha paróquia e que me foi presenteada por minha mãe.

– Fernando, sossegue... é seu irmão Antoninho que vem até você mais uma vez!

Minha voz estava presa em minha garganta. Nada, absolutamente nada de minha vida pessoal eu havia contado a ela. Ninguém me conhecia naquele lugar distante. Nem mesmo o colega que me acompanhava e pouco tempo permaneceu na cidade sabia o que havia ocorrido a meu irmão, anos antes, quando minha família ainda morava em Portugal. Era uma história muito dolorosa que evitávamos ficar repetindo.

De fato, foi a partida repentina de meu querido irmãozinho que precipitou nossa vinda para o Brasil, em meados do século XX. Naquela época, morávamos em Vila Real, na zona rural, onde a família de meu pai havia muitos anos tinha uma chácara. Lá vivíamos eu, minha mãe, minha irmã Teodora, a primogênita, e meu irmão mais novo, o adorado e brincalhão Antoninho, a alegria da casa. Dois irmãos de meu pai havia alguns anos já viviam no Brasil; tinham um próspero estabelecimento comercial e seguidamente nos convidavam a vir morar em São Paulo. Tanto minha mãe como meu pai recusavam sistematicamente, apegados que eram às paisagens em que haviam crescido. Tínhamos um pequeno rebanho de cabras e ovelhas que era cuidado zelosamente por Antoninho. Era uma vida sossegada, animada por música, muito apreciada, principalmente por meu pai, que amava tocar fados e modinhas quando se reunia com a vizinhança.

Isso tudo mudou no dia em que Antoninho, certamente ao tentar recolher uma ovelha que havia se apartado do rebanho, resvalou do alto de um rochedo. Seu corpo desfalecido foi encontrado por um amigo que nos ajudava nas buscas, quando constatamos sua demora em retornar. Nunca esqueci a imagem de nosso pequeno, inerte em meio aos rochedos. Naquela época, eu com dezesseis anos de idade, vi-me sem ação diante do ocorrido. Custava a crer que a morte houvesse levado, de maneira tão cruel, aquele menino amoroso e estimado por todos. O funeral, marcado por imensa tristeza, atraiu muitas pessoas, até mesmo de outras cidades.

Naquele preciso momento, eu estava diante de Leonora e, mais uma vez, segundo ela, de meu irmão querido, que rumara tão cedo para a esfera invisível. De volta de minhas divagações, não tive tempo de perguntar mais nada a ela, que agora movimentava o braço celeremente sobre a folha de papel, em estado de transe. Era, de fato, algo impressionante! Foi a primeira vez que vi o trabalho de um psicógrafo. Ao cabo de alguns minutos, Leonora cessou bruscamente. E, com serenidade, voltou do transe. Abriu os olhos, organizou as folhas escritas e estendeu-as. Ao recebê-las das mãos da médium, folheei-as afoitamente e, para minha surpresa, a assinatura da mensagem era idêntica à de meu irmão.

Nas primeiras linhas, meu coração já disparou. Chamava-me ele pelo apelido de família. E mais emoções viriam naquele dia.

Depois de uma pausa, ela se dirigiu a mim assegurando--me da presença de outro espírito, aquele a quem ela se referia como sendo seu protetor e dirigente dos trabalhos de materialização, a quem chamava Demócrito.

Diante de meus olhos incrédulos, vi se formar, por meio de uma substância vaporosa e esbranquiçada que saía do nariz e dos ouvidos de Leonora – a qual mais tarde vim saber que tinha o nome de ectoplasma –, a mão direita de meu irmão, posta em meu ombro. Custava a acreditar no que via. Era mesmo a mão dele, seria impossível não reconhecer. Antoninho, muitas vezes, surgia quando estávamos todos na sala de jantar ou sentados à sala de visitas, e começava a contar as novidades de que tivera notícia sempre com as mãos postas em meu ombro ou enlaçado em meu pescoço. Tantas vezes meus pais chamaram sua atenção: "ó menino, estais a sufocar teu irmão!" Então ele, obediente, me largava, mas logo estava novamente à minha volta. Era carinhoso com todos, mas tinha especial afinidade comigo, talvez por nossa pequena diferença de idade. Sempre pensei que seríamos ótimos companheiros de aventuras caso ele tivesse atingido a idade adulta. E talvez tivesse se tornado jornalista também, já que era afeito às letras, aos estudos, e estava sempre a par de tudo o que ocorria, ou boa parte do que ocorria, em nossa Vila Real.

E ali estava mais uma vez meu querido companheiro, parcialmente materializado, a me dar uma comprovação inequívoca de sobrevivência da alma. Eu estava emudecido, o coração aos pulos, lágrimas brotavam de meus olhos. Jamais imaginara ver tal coisa. Era um assombro para um rapaz da minha idade. Por alguns instantes, pude sentir sua presença junto a mim e uma emoção que ainda hoje não saberia descrever com exatidão.

Assim como se compôs, pouco a pouco a mão materializada foi se desfazendo. Leonora despertou do estado de torpor em que mergulhou e, recobrando a consciência, explicou:

– Ainda não estou em condições para tentames maiores, Fernando. Mesmo assim, acredito que Antoninho tenha considerado a experiência satisfatória.

Eu tinha muitas palavras a dizer, mas elas estavam presas em minha garganta. Passamos para um ambiente mais claro, onde pude ler a carta psicografada pela médium. Ela se retirou para seus aposentos e eu, em seguida, tomei o rumo da hospedaria onde, por certo, já encontraria meu amigo fotógrafo de retorno à cidade. Regressaríamos no dia seguinte, depois de fotografarmos Leonora pela manhã.

De fato, ao chegar à hospedaria, eu o encontrei. Nada mencionei a respeito da incrível experiência que presenciei, talvez porque necessitasse de mais tempo para pôr as ideias em ordem e compreender a dimensão do que vivi naquela tarde inesquecível.

capítulo **dezesseis**

A trajetória de Leonora

A noite estrelada e de temperatura agradável convidava para uma caminhada pelas ruas da pequena cidade goiana, cortada por pontes, com o predomínio de prédios de arquitetura colonial.

Saí para caminhar sozinho. Iria demorar a conciliar o sono. Meu colega, Régis, recolheu-se, cansado da viagem. A todo o momento, voltavam à minha mente as cenas de Leonora psicografando e a visão da mão materializada de Antoninho. Recordava o conteúdo da carta, onde ele dizia: "irmão, vim para dizer-te que minha vida não se encerrou naquele instante em que viste meu corpo inerte entre os rochedos. Naquele momento, eu retornava à verdadeira vida. Minha passagem pela Terra haveria de ser breve. Fui socorrido por muitos amigos queridos, entre eles nosso avô Quintino, que muito tem me ajudado neste plano em que vivo hoje. Sim, meu irmão, vivo, pois a vida não se acaba nunca e sigo amando-os como sempre os amei".

E eu que havia saído de casa para um embate com satanás...
E, para minha total surpresa, havia ido ao encontro de meu estimado Antoninho, que deixara profundo pesar em todos nós por sua súbita partida. A seu ver, agora, ele havia retornado à verdadeira vida.

Lia e relia a mensagem ainda um tanto confuso. Seria preciso mais algum tempo para que eu compreendesse seu real significado. Era tudo muito inquietante para um jovem que se considerava um católico, embora não praticante, em que pese à grande influência que essa religião sempre exerceu em minha família. Lembro-me de ir várias vezes, contrariado e amuado, acompanhar minha mãe e meus irmãos à missa dominical. Lá ia eu, a passo lento, distraído, olhando a paisagem e as pessoas, enquanto minha mãe ia à frente com os outros dois, a gritar que me apressasse. Lá chegando, cumpria todos os rituais, porém, não entendia qual era a necessidade que as pessoas tinham em ir a um lugar onde o padre falava de costas e dizia a missa em latim. A maioria repetia maquinalmente sem nada entender. Não ousava expor estes conceitos a ninguém. Fazia ar circunspecto, recebia a hóstia sagrada e tornava à minha casa, feliz como todos os outros.

Assim foi até o dia em que, amargurado pela perda do filho mais novo, meu pai comunicou-nos que haveríamos de nos preparar para uma grande mudança. Ele havia aceitado o convite dos irmãos, que já viviam em São Paulo. Passaríamos a trabalhar com eles. Assim foi feito. Deixamos Vila Real, e a travessia do Atlântico me marcou profundamente. Tive a estranha sensação – só mais tarde entendi – de que não era a primeira vez que eu singrava os mares em uma longa viagem. Era uma rememoração de existências remotas, quando fui um navegador espanhol, envolvendo-me em perigosas aventuras pelo mundo.

Chegamos à capital paulista e nossa adaptação foi muito difícil. Sentíamos falta do antigo lar e dos amigos. Felizmente, nossos tios e primos sempre nos apoiaram e nos ajudaram nesse recomeço de vida. Assim, eu e minha irmã seguimos nossos estudos. Ela passou a trabalhar em um hospital administrado por irmãs de caridade e eu, de início, trabalhava com meu pai e meus tios. Com o tempo, comecei a trabalhar no jornal.

Fazia essa breve retrospectiva quando, ao longe, divisei o vulto de um homem já idoso, mas de caminhar elegante e bem trajado. Vinha atravessando a ponte, certamente em direção à sua casa, depois de uma jornada extenuante de trabalho. Identifiquei-o: era o prestigiado e aclamado doutor Dantas, pai de Leonora. Logo teve seu trajeto interrompido por outro senhor que o cumprimentou com entusiasmo, trocando com ele algumas palavras. Enquanto os dois conversavam, eu cessei minha caminhada. De súbito, veio-me uma ideia: conversar com o pai a respeito da filha. Não como quem entrevista. Apenas um diálogo que se fazia necessário. Ele era apoiado por uns e criticado por outros, devido à sua iniciativa de se afastar e até hostilizar Leonora publicamente.

Minha consciência, de certa forma, cobrou-me. Naquele dia, a médium havia feito uma ponte entre mim e meu irmão. Ele havia ressurgido por meio da carta e da materialização parcial. "Ora", atrevi-me a pensar, "se a ela foi possível trazer de volta para meu convívio, ainda que de maneira fugaz, alguém que já não é mais deste mundo, por que não poderei construir uma ponte, reatar uma ligação entre ela e o pai? Mas o doutor haverá de entender como uma intromissão minha.

Não é prudente me envolver. Todavia, se eu conseguir fazer com que ele pense de outra forma, será um ganho, tanto para ele como para a filha".

Os dois ainda conversavam enquanto eu hesitava em me aproximar do doutor Dantas. "Esta mania de corrigir o que pensas estar errado ainda vai te pôr em apuros, menino!", mais uma vez a advertência paterna ecoava em minha mente. Tinha eu, como todo jovem, a pretensão de tornar tudo mais justo e equilibrado, promover o entendimento entre as pessoas. Tinha comigo essa esperança e, certamente, não foram poucas as vezes em que me frustrei. Ainda assim, em vários momentos prevaleceria em mim a iniciativa de corrigir uma situação injusta, assim como aconteceu naquela que seria minha última noite na cidade.

Com este propósito abrasando em meu íntimo, abordei o doutor Dantas assim que ele se despediu do amigo. Apresentei-me educadamente e logo passamos a caminhar juntos, pois seguíamos na mesma direção. Ao longo de nossa caminhada, travamos elucidativo diálogo.

Contei-lhe de minha vinda à cidade para entrevistar Leonora. A primeira pergunta dele foi:

– Por que um jornal da capital paulista se interessaria em saber o que se passa com uma jovem com poderes ditos paranormais e que vive em um lugarejo do interior goiano? A quem isso interessaria?

– A muitas pessoas – esclareci. – Cresce o interesse dos leitores por assuntos dessa natureza. Pretendo dar a conhecer Leonora em sua dimensão humana, não apenas a jovem capaz de atrair a atenção dos outros por provocar fenômenos estranhos. Não farei de sua filha um objeto de mera curiosidade, doutor Dantas.

A essa altura, havíamos atingido uma bem cuidada praça, também bem iluminada. O doutor me convidou para sentar. A princípio, estranhei. Parecia que ele queria conversar com um desconhecido temas dos quais evitava falar já havia muito tempo.

O senhor, de cabelo e cavanhaque grisalhos, iniciou suas considerações:

— Ao que vejo estou diante de um jovem jornalista que não quer fazer um trabalho tendencioso, mas sim dar aos fatos e às pessoas sua justa dimensão.

— Exatamente, senhor Dantas. Tenho me esforçado muito para pautar minha conduta profissional nesse sentido. Devo dizer-lhe, porém, que não é o jornalista que agora fala com o senhor.

— Ah! Certamente é mais alguém a quem Leonora conseguiu convencer com sua triste história de moça injustiçada e abandonada! Muito cuidado, senhor Fontana! Ela consegue convencer as pessoas a acreditar no que ela quer! Creia-me! Se procedo da forma que procedo é porque sei o que faço! Jamais compactuarei com alguém que exerce a medicina ilegalmente como ela faz, mesmo sendo a menina que vi crescer! Diz ela atender a vozes do Além, mas serve à ambição daquele mau-caráter do Emílio. Preferiu viver assim a fazer um tratamento psiquiátrico para ter uma vida normal ao meu lado! Há muitas coisas no mundo que eu, apesar de ser um homem muito vivido, não consigo compreender. Nunca entenderei essa opção de Leonora.

— E por não entender preferiu se afastar!

– Ora, sempre foi fácil aos jovens criticar a atitude dos mais velhos.

– Não é minha intenção criticá-lo quando o senhor já tem boa parte da cidade a fazer isso. Gostaria de entender, se possível, se o senhor assim o permitir, o que te levou a se decidir pelo afastamento como melhor opção, o que te faz pensar que seja o correto, já que Leonora, inúmeras vezes, disse-me que jamais teve a intenção de concorrer com a tua ciência...

– ... é o que continua acontecendo enquanto ela não parar com isso, com esse trabalho que leva pessoas a acreditarem nas curas de pessoas invisíveis, que prescrevem por meio dela por já haverem sido médicos.

Após um breve intervalo, o doutor continuou:

– Ela é de fato muito sagaz. Ela o está utilizando como se fosse um emissário, sem que você, meu rapaz, perceba. O que há com ela? Está finalmente arrependida da decisão que tomou?

– Leonora nem sabe que estamos tendo esta conversa, nem saberá se o senhor assim preferir. Eu dei voz a ela, achei justo dar voz ao senhor também para ter uma visão mais ampla dos fatos. O que posso te dizer é que ela não parece arrependida, e sim segura do que faz. E desejosa de se ver livre da influência de Emílio.

– E também à espera do tal cavalheiro que, pelo que lhe foi revelado pelas almas do outro mundo, virá tirá-la deste lugar – completou o doutor Dantas com ar de sarcasmo e preparando-se para continuar a caminhada.

Acompanhei seu passo lento, enquanto ele prosseguiu o relato:

– Saiba, Fernando, que a mente fantasiosa de Leonora influenciou outra mente mais frágil, de um moço da cidade, filho de um farmacêutico. Ele passou a se conduzir como se fosse seu herói e salvador, a se indispor com Emílio. Prometeu fugir com ela e casar-se. O tal plano foi frustrado pela intervenção da família dele, que nunca permitiria tal sandice. Como resultado, o rapaz, sabendo que seria privado da companhia dela, suicidou-se com um tiro no coração. Pobre Artur! Pobre alma! Nunca mais meu relacionamento com o pai dele foi o mesmo! Ele tem sérias restrições à minha pessoa e é capaz de agredir quem mencionar o nome de Leonora perto dele! A partir daí, muitos passaram a vê-la como uma pessoa amaldiçoada.

De súbito, o senhor Dantas estacou, virando-se para mim:

– Agora, imagine o meu sofrimento ao ver minha filha, criança amada, que se criou correndo por estas calçadas, sendo tratada dessa forma? Nada a faz desistir dessa vida estranha que escolheu para si mesma! Até mesmo meu filho querido, Carlos, foi-se deste mundo profundamente contrariado com minha decisão de interná-la. Levou-a para o campo na esperança de que pudesse se reequilibrar, mas parece que lá as forças do outro mundo passaram a atuar sobre ela com mais intensidade. É o que as pessoas dizem. Eu não acredito em nada disso! Tenho as verdades que minha ciência comprova e isso me basta! A meu ver, se Carlos não tivesse me impedido de levá-la para tratamento adequado, isso teria nos poupado inúmeros sofrimentos.

– A seu ver, sua filha padece de distúrbios psiquiátricos. Será que uma pessoa nessas condições teria como ajudar outras tantas que se dizem beneficiadas por ela?

– As pessoas acreditam no que querem, principalmente em momentos de dor e sofrimento! Sei o que lhe digo. Acredite, não sou tão duro e insensível como dizem. Tenho imensa saudade da menina de tranças que bailava pela casa, com suas alegres canções. Ela, no entanto, insistindo nessas insanidades, acaba por comprometer a própria saúde e a credibilidade ao unir-se a um aproveitador como Emílio e àquela mulher que compactua com ele. Jamais esperei tal atitude de Alice, minha ex-nora. Ambos apenas exploram Leonora.

Aproximávamo-nos agora da casa do médico. Precisava levar a termo a conversa. O doutor Dantas, segundo me contou, regressava da casa de uma jovem que dera à luz em parto muito difícil, que exigira muito de sua habilidade. Felizmente, tudo terminara bem, mas ele precisava de um merecido descanso. Agradeci os minutos que ele me dedicou e encerrei minha abordagem com uma frase que não poderia deixar de dizer:

– Ainda assim, doutor Dantas, vem a minha mente a frase que Leonora me disse: "será que meu pai vai ter de ler em seu jornal que eu o amo?"

O médico calou-se ao ouvir essas palavras. Visivelmente emocionado, subiu a escadaria que conduzia ao interior da residência sem olhar para trás.

Quanto a mim, dirigi-me à hospedaria. No dia seguinte, haveria de seguir a longa viagem de regresso, levando comigo um farto material para ser publicado.

Ao amanhecer, eu e Régis Monteiro, meu colega fotógrafo, descemos com nossas bagagens e, antes de partir, nos dirigimos à casa onde Leonora vivia para fazermos o registro fotográfico. Apanhei cuidadosamente a caixa com as mensagens psicografadas que ela recebera de diversos espíritos. Ela havia me emprestado para que eu as examinasse. Era um material que versava sobre os mais diferentes assuntos e temas, algo muito além da capacidade intelectual da médium, pelo que pude apurar. Apesar de ser uma moça com relativo nível de instrução, podia-se observar que muitas anotações não provinham de sua mente.

Era justamente nisso que eu pensava enquanto, mais uma vez, passava diante da bela casa ajardinada da família Dantas. Sem dúvida, ali Carlos e Leonora deviam ter tido uma infância confortável e feliz, sob o olhar atento dos pais. Teria ela uma trajetória comum, como todas as moças de sua idade, não fosse aquela aura de mistério que se criara em seu redor e que permanecia além da compreensão de muitos. Nos fundos da residência ficava a pequena sala de estudos onde Leonora, bem jovenzinha, ensinava as primeiras letras a algumas crianças. E foi precisamente em uma dessas aulas que ela recebeu a manifestação de escrita mediúnica. Em meio à aula, começou a escrever um texto na lousa, sem ter controle algum sobre o que escrevia. Só voltou à consciência quando um dos alunos se aproximou e disse um tanto assustado:

– Professora, a senhora está escrevendo muito rápido, é difícil acompanhar!

Quando deu por si, ela havia preenchido o quadro com um texto com informações históricas sobre o tema comentado, porém, com informações totalmente desconhecidas para ela. Assustada, retirou-se da sala e somente mais tarde entendeu que o texto havia sido transmitido por uma entidade espiritual que vivera naquela época e tinha conhecimento daqueles fatos. Ainda assim, ficou bastante assustada e transtornada com o que lhe aconteceu. Não contou nada a ninguém, somente a Carlos, pessoa em quem ela mais confiava. Este, por sua vez, procurou tranquilizá-la, embora também ele não tivesse explicações coerentes sobre o ocorrido.

As manifestações começaram a se tornar mais frequentes, havendo também a movimentação de objetos na sua presença. Tudo contribuiu para que aumentasse cada vez mais a curiosidade em torno da estranha aptidão de Leonora em se fazer veículo de comunicação com os ditos "mortos".

A realidade em que vivia agora era muito diferente. Afastara-se da cidade, onde nem sempre era bem-vista; geralmente era hostilizada. Já não tinha mais o compreensivo irmão ao seu lado e vivia vigiada por Alice e Emílio, que, nos últimos tempos tinham aprendido a lucrar com a sua mediunidade.

Devo esclarecer que eu uso os termos "médium" e "mediunidade", mas não era assim que ela se referia a si mesma. Nunca havia lido nenhum estudo a respeito do assunto. Tudo o que aprendera havia sido na prática, entre muitos erros e acertos. Foi o que pude apurar de tudo o que conversamos.

Eu e Régis, após vencermos a estrada empoeirada que conduzia ao pequeno sítio onde Leonora vivia, fomos novamente bem recebidos por ela. Alice observava tudo à distância. Estavam as duas sozinhas; Emílio havia saído em viagem pouco antes de nossa chegada, rumo à capital.

Leonora trajava um vestido azul, um gracioso chapéu e uma echarpe da mesma cor, mas um pouco mais escuro. Posicionou-se sentada embaixo da figueira. A luminosidade da manhã facilitava o trabalho de nosso amigo.

Devolvi-lhe a caixa com as mensagens e despedi-me, agradecendo sua colaboração ao meu trabalho. De súbito, um vento mais forte retirou, por breves instantes, a echarpe do pescoço da jovem, deixado ver marcas de agressão que ela buscava esconder. Abaixo do queixo, um pequeno corte. Ela aprumou-se rapidamente e afastou-se a passo ligeiro quando percebeu minha surpresa. Nada pude perguntar. Quis entrar e continuar a conversa, mas Alice me impediu:

– É melhor que o senhor se vá o quanto antes; por favor, acredite no que eu lhe falo!

– O que houve, Alice? O que eram aquelas marcas? Quem agrediu Leonora?

De olhos baixos, ela nada respondeu.

– Foi Emílio? – insisti.

– Sim – confirmou, faceando-me. – Ontem ele ficou bastante irritado ao saber de sua presença aqui, conforme eu havia lhe avisado. Ele e Leonora discutiram e ele quase a estrangulou, não fosse minha intervenção!

– Isso não pode continuar acontecendo! – disse, profundamente enraivecido. – Ela não pode ficar sob o domínio de um homem violento e cruel como Emílio. Vou denunciá-lo.

– Não faça isso! – suplicou-me Alice. – Não terá como provar, pois não vou denunciar meu próprio marido. Negarei cada palavra sua, e digo mais: se o senhor fizer qualquer denúncia, só vai agravar a situação, pois Emílio ficará ainda mais violento em relação a ela. Agora vá, senhor, eu lhe enviarei notícias dela, mas se afaste, não faça nada que possa comprometê-la ainda mais!

Naquele instante, ainda que imensamente indignado com a situação, achei prudente ceder à argumentação de Alice. Era temerário, no entanto, deixá-las à mercê da covardia de um homem desequilibrado. Era preciso achar uma solução que as libertasse, sem causar ainda mais problemas.

Régis me chamou. Era preciso partir. Longa viagem nos aguardava. À medida que nos afastávamos, ainda pude divisar o rosto de Leonora olhando-nos pela janela de seu quarto. Parti incomodado por desagradável sensação. Seria mesmo possível não fazer nada para tirá-la daquela situação injusta? Como eu poderia ajudá-la sem expô-la ainda mais ao perigo? Eram perguntas que me atormentavam ao longo de toda a viagem.

capítulo **dezessete**

O regresso

No primeiro dia útil depois de meu retorno, dirigi-me à sala de Vicente Amaury. Além dele, pude saudar também meu colega Garcez, que, em tom brincalhão, comentou entre risos:

– Ora, salve! Bem-aventurados os que despertam a paixão das ricas herdeiras!

– Folgo em te ver, Garcez – respondi. – Parece que já estás restabelecido e com a língua afiada para zombar dos colegas!

– Ele tem razão, Fernando – interferiu Amaury. – Ele estava aqui quando sua bela e rica noiva entrou nesta humilde sala, elegantemente trajada, cobrando-me satisfações de por que eu o tinha enviado a tão inusitada e perigosa missão! Estava indignada!

– Sim – aduziu o outro. – Amaury custou a acalmar os ânimos da moça, inconformada que estava!

– São os exageros de Bertha! Já conversei com ela. Não tornará a fazer isso.

– Sabemos bem como age uma mulher apaixonada, meu caro, tornam-se irascíveis! Mas vamos ao que interessa! Tua matéria ficou excelente! Conseguiu muito de Leonora Amorim!

– De fato, Fernando, eu não teria feito melhor! Estás de parabéns – comemorou Garcez, a quem eu havia substituído.

Logo o assunto voltou aos preparativos do meu casamento. Em tom jocoso, ambos previam que meu futuro estava garantido. Havia eu, na visão deles, conseguido conquistar o coração de uma rica herdeira, Bertha Hoerscher, filha de um grande investidor dos meios de comunicação da época.

Muitos desconheciam o fato de que quando conheci Bertha ignorava que ela pertencesse a tão influente família. Na verdade, ela aproximou-se de minha irmã alguns anos depois de nossa chegada ao Brasil. Minha irmã era enfermeira em um hospital de caridade no qual Bertha auxiliava como colaboradora. Era figura sempre presente naquela instituição, continuando o trabalho realizado por sua mãe. A madre superiora sempre podia contar com seu concurso. Ambas se tornaram muito amigas e Bertha passou a frequentar nossa casa. Até então, portava-se com discrição, ninguém sabia sua origem e ela preferia assim. Só mais tarde, quando nosso relacionamento já se iniciava, viemos saber que se tratava da filha de Arnoldo Hoerscher, conhecido empresário, nascido na Alemanha, mas residente havia muitos anos no Brasil.

Unimo-nos ainda mais depois do súbito desencarne de minha irmã, ainda bastante jovem, vítima de tuberculose. Mais uma vez nossa família se viu abatida pela dor de se despedir de um de seus membros mais jovens e mais estimados. Meu pai, com o coração combalido, não resistiu por muito tempo à saudade da filha querida, desencarnando meses depois. Desde então, minha mãe passou a viver uma espécie de luto permanente, sempre trajada de negro, com belas mantilhas sobre os ombros, levando uma existência quase reclusa.

Assim havia se iniciado minha história com Bertha, que sempre me despertou intenso afeto. Era uma bela jovem, muito culta e refinada, amava viajar, ambientes requintados, de bom gosto, mas sabia também portar-se com simplicidade e simpatia. Meus pais sempre tiveram muito carinho por ela, carinho que ela sempre retribuiu.

Éramos muito jovens na época; eu era apenas alguns meses mais velho do que ela. Estávamos decididos a nos casar, o que aconteceria no fim daquele ano.

Muitos invejavam minha sorte. O destino me sorria, diziam. Tinham razões para pensar assim; afinal, tudo levava a crer que o futuro não reservaria maiores surpresas: teríamos os dois uma vida segura, tranquila e confortável.

Dias antes do meu casamento, recebi uma carta de Leonora Amorim. Mudara-se para Goiânia, onde agora vivia com o esposo Adalberto Siqueira. Era uma longa missiva, na qual ela relatava ter voltado às boas com o pai, que a procurou dias depois de minha partida, propondo a reconciliação. Agradecia-me, pois sabia da minha participação na mudança de atitude dele, até então arredio a qualquer aproximação. Fazia pouco que havia se casado com Adalberto, a pessoa que ela sempre soube que a tiraria daquele pesadelo que vivera ao lado de Emílio e Alice. Estavam numa fase mais serena e ela procurava disciplinar suas energias mediúnicas. O esposo, apesar de não entender bem de assuntos atinentes à mediunidade, compreendia que ela possuía uma aptidão a ser educada e em nada se opunha.

Leonora disse ainda guardar com muito carinho a reportagem que eu havia feito. Pareceu-me feliz com a nova etapa que vivia. Terminei a leitura muito emocionado e desejando ardentemente que aquela moça, a quem conheci e por quem passei a sentir imensa admiração, pudesse encontrar a paz e a felicidade depois de tempos tão atribulados. No fim, Leonora convidava a mim e minha futura esposa para irmos visitá-la em Goiânia.

A princípio, pensei mesmo em convidar Bertha para irmos visitá-la. Nunca me esqueci da pessoa que fez aquela ponte entre mim e meu irmão e que emprestou suas energias para que ele pudesse escrever-me sobre seus relatos da vida em outra dimensão e materializasse sua mão em meu ombro, numa atitude amiga, que ainda permanecia, apesar de nossa separação.

Respondi à missiva, contando sobre meu casamento e minha ausência do país por um mês. No entanto, foram poucas as pessoas a quem contei sobre a experiência na qual mantive contato com meu irmão falecido. Nada relatei a minha mãe, ela não entenderia. Mais de uma vez tentei abordar o assunto. Para ela, médiuns continuavam sendo seres endemoninhados cuja companhia se deveria evitar. E assim pensou até os últimos dias de vida na Terra.

Quanto a Bertha, sempre rejeitou a ideia de conhecer Leonora, e isso, de certa maneira, atrasou minha procura por ela.

Prometi a mim mesmo estudar sobre o fascinante tema do intercâmbio mediúnico. Tornei a procurar Macedinho assim que voltei da viagem de núpcias. Ele, de boa vontade, apresentou-me os livros de Allan Kardec, Léon Denis, Arksakoff, Lombroso e outros tantos estudiosos do assunto.

No entanto, eu vivia uma nova fase de minha vida e eles acabaram relegados ao esquecimento.

Mudei-me para a capital, o Rio de Janeiro, onde fui convidado a trabalhar em um jornal de grande circulação. Morávamos em uma casa confortável que Bertha havia herdado da mãe. Ela sempre preferiu viver no Rio de Janeiro, cidade até então desconhecida para mim. De fato, foram muito bons os tempos em que lá residimos. Porém, as novas ocupações fizeram com que eu deixasse de lado a ideia de rever a médium goiana.

Uma tarde, vendo os livros de Kardec expostos na estante de uma livraria, lembrei-me dela. Havia devolvido os livros de Macedinho sem lê-los. Comprei algumas obras espíritas e minha intenção naquele momento era presenteá-los a Leonora. Eu iria lhe escrever comunicando que a visitaria nos próximos dias.

Contudo, por mais nobre que fosse o meu propósito, a vida decidiu diferente. Naquela mesma semana, recebi uma carta de Alice, ex-cunhada de Leonora, comunicando seu súbito falecimento. Depois de moléstia desconhecida, caracterizada por febre alta a lhe minar as forças, a jovem se foi, deixando um grande vazio no coração de todos que a conheceram.

Precisei reler a carta para acreditar no que meus olhos viam. Chorei copiosamente, e Bertha, ao ver meu estado de profunda tristeza, logo pensou tratar-se de algum parente. Quando viu tratar-se de Leonora, não entendeu minha reação. Preferi afastar-me antes que ela começasse uma discussão, motivada por um ciúme sem sentido.

Caminhei pelas ruas do Rio de Janeiro profundamente desapontado, entristecido pela morte súbita de alguém que passou pela vida sem ser devidamente compreendida. Ela se foi tão cedo, certamente devido aos maus-tratos que recebera. Era como se suas energias tivessem se exaurido. A expressão que Alice usava na carta era exata e verdadeira: "Leonora apagou-se". Apagou-se uma luz que poderia ter brilhado por mais tempo, avaliei. Apagou-se justamente quando vivia uma etapa melhor, ao lado do esposo, numa condição mais justa e equilibrada. Eu não me conformava. Não via justiça nisso.

Demorei a voltar para casa naquele dia. Quando voltei, tratei de me desfazer do embrulho com os livros que eu havia separado para Leonora, entregando-o a um empregado da casa. Só muito tempo depois pude ter novamente em minhas mãos um exemplar daqueles autores.

No fim de semana, fui visitar dona Honorina, minha mãe, na companhia de Bertha. Ela havia decidido permanecer em São Paulo, ao lado de meus tios e cercada por outros amigos da comunidade portuguesa. Assim se sentia mais próxima de suas raízes. De todos nós, ela foi quem mais sentiu por ter saído de Portugal, deixando sua querida Trás-os-Montes. Talvez, por sermos mais jovens, eu e minha irmã Teodora logo tratamos de nos adaptar à nova terra, à nova gente; meu pai também, por ser mais expansivo, logo fez amigos e não tardou a se afeiçoar ao Brasil.

Minha mãe foi visitar-me algumas vezes no Rio de Janeiro, mas sempre retornava a São Paulo. Não queria mais rupturas. Eu é que ia visitá-la regularmente.

Dois anos depois de meu casamento, fomos dar-lhe a notícia que ela tanto almejava ouvir: nasceria nosso primeiro filho. Há muito tempo eu não via um sorriso tão bonito; seu rosto se iluminou com a novidade. Levou-nos para seu oratório e abençoou-nos com uma sentida prece.

Por alguns instantes, foi como se eu sentisse novamente a presença de Antoninho junto a nós. No dia seguinte, lembrou mamãe, seria aniversário de sua morte.

A tristeza voltou novamente a seu semblante. Retornando à sala, ela tomou minhas mãos entre as suas e mais uma vez disse:

— Cuida-te, filho meu! Cuida sempre do teu bem mais precioso, que é a tua saúde! Não te dês a excessos! Lembra-te de que és meu único filho, e agora serás pai, deves cuidar-te ainda mais. Não suportaria se algo te acontecesse!

Eu e Bertha a abraçamos e procuramos confortá-la. Minha mãe era uma senhora sexagenária, abatida pela dor de perder dois filhos em tenra mocidade e o marido, com quem sempre tivera um bom relacionamento.

Naquele instante, senti vontade de falar-lhe de Antoninho, que retornara para dizer-me que a vida seguia sempre, que não se encerrava nunca e que ele vivia em outro plano, onde continuava nutrindo por nós o mesmo afeto.

Ainda abraçado a ela, iniciei:

— Mãe querida, nosso Antoninho, Teodora e papai não haveriam de querer vê-la em tal tristeza. Estão felizes em um mundo melhor...

Ela selou meus lábios e disse:

— Eles haverão de estar no paraíso, onde não é justo que se perturbe o descanso eterno.

Levantou-se e concluiu:

– Desde que foste ter com a tal médium voltaste muito estranho. Não me venhas com ideias estranhas ao que ensina a Santa Madre Igreja, e isso é tudo! Bertha, vem – ordenou em seguida –, vamos tratar do enxoval do neném!

Logo ambas seguiram para o quarto, onde se distraíram o resto do dia entre bordados e crochês. E foi sempre este o posicionamento de dona Honorina em relação à vida depois da morte.

Ela conheceu a neta, minha filha Elisa, e a acompanhou até os seis anos de idade. Foi uma avó dedicada e amorosa. Quando minha mãe desencarnou, eu estava no exterior, a trabalho. Já estava vivendo uma nova fase de minha profissão: correspondente internacional.

capítulo **dezoito**

Longe de casa

Em uma agradável manhã de domingo, eu caminhava pela orla da praia de Copacabana. Retornava de meu apartamento, recentemente adquirido. Pertencera a um amigo que dele se desfizera porque iria morar na Argentina. Estava em muito bom estado de conservação e, melhor, localizava-se próximo à praia, realização de um antigo sonho que eu acalentava desde que passei a morar no Rio de Janeiro. Sempre me senti e continuo me sentindo muito bem à beira-mar, de onde posso recolher energias preciosas e refazedoras.

Estava caminhando sem pressa, colocando os pensamentos em ordem, fazendo uma retrospectiva de tudo o que havia me acontecido nos últimos anos, desde meu casamento com Bertha, o nascimento de nossa filha Elisa, meu afastamento do lar por força do trabalho, que cada vez me ocupava mais, e o recente desencarne de minha mãe, que me deixara profundamente abatido. E, enquanto eu regressava, pensava em como ela teria apreciado conhecer meu novo recanto, local onde tencionava viver com minha esposa e filha.

De longe, vi se aproximar uma figura que me pareceu familiar, embora eu não estivesse identificando claramente. Era um senhor robusto que caminhava devagar, mas seguro, em minha direção. Abriu os braços para me saudar e então pude estar mais uma vez, frente a frente, com o querido amigo que não via tinha alguns anos: Macedinho.

– Fernando, há quanto tempo! – saudou-me sorrindo.

Fiquei feliz com o encontro. Passamos a caminhar juntos. Em meio à conversa, disse-me ele:

– Soube do passamento de dona Honorina, contaram-me na redação do jornal!

– Sim, recebi as condolências dos antigos colegas e agradeço muito. Meu maior sentimento foi não ter estado aqui para despedir-me dela. Será que ela partiu triste comigo, Macedinho?

– Na pátria espiritual o entendimento se amplia, meu amigo – comentou com a mão em meu ombro. – Onde ela está agora, certamente compreende melhor por que te viste impossibilitado de comparecer em sua hora última e não há de ficar triste contigo.

Parei de caminhar por um instante. Não sabia se acreditava nas palavras de Macedinho. Foi a ele que recorri tempos atrás, quando me vi diante do desafio de entrevistar a médium Leonora Amorim. Ele me socorreu em meus apuros. Certamente, não estava mais diante do rapaz inexperiente e assustado com a possibilidade de ter de se entender com alguém que falava com as almas de outro mundo. No entanto, também não estava diante de um homem plenamente convicto da realidade da continuidade da vida, apesar de ter reencontrado o irmão falecido por meio da mediunidade de Leonora.

Macedinho pareceu ter compreendido meu silêncio e tornou:

– Por certo tu tens agora outro ponto de vista sobre a vida, depois do encontro com aquela falecida médium, não é? Sabes que a morte do corpo não representa o fim. Até onde sei, deve ter estudado mais sobre o assunto...

– Não, Macedinho, abandonei os estudos sem ter iniciado, e até hoje posso lhe dizer, meu amigo, que sinto uma dor e um pesar profundos toda vez que alguém se refere a Leonora Amorim. Sinto que ela se foi tão cedo. E não me conformo de não ter tido mais tempo para conhecê-la melhor e aprender com ela. Quando finalmente me propus a ir ao seu encontro, ela já havia partido para este mundo que você diz existir.

Fiz uma pausa para me recuperar da forte emoção e prossegui:

– Espero mesmo que esteja bem onde quer que se encontre, porque sofreu muito aqui com a incompreensão das pessoas. Fiquei com o sentimento de ter sido omisso, de ter feito pouco por ela, e isso me incomoda profundamente. Você sabe que até hoje Bertha tem ciúmes dela?

– O quê? Como é possível? – indagou Macedinho, surpreso.

– Minha esposa tem ciúmes de uma "morta"! Não suporta que eu mencione o nome dela. Diz que eu amei essa mulher, o que não é verdade, mas ninguém a convence disso. É uma situação esdrúxula, eu sei, mas Bertha tem ciúmes até da minha sombra – desabafei.

– Ela sempre foi muito apaixonada por ti – considerou Macedinho. – Teme que venhas a conhecer alguém que te desperte interesse maior. São os males do amor em desajuste, meu caro. Não deixes que isso te afaste da sua família.

– Sim, tenho consciência disso, mas os exageros de Bertha, por vezes, aborrecem-me e terminam por me afastar, mesmo quando eu poderia estar perto, como agora, por exemplo.

– Fernando, nunca fui bom conselheiro em matéria de amor, mas, pelo que tenho visto, tu certamente tens uma esposa que sempre teve tudo o que quis e não suportaria perder-te. Talvez seja um sentimento possessivo e um tanto doentio, mas que pode se tornar saudável se souberes te conduzir de maneira a fazê-la sentir-se mais segura. Eu te conheço, não és pessoa dada a aventuras extraconjugais, tu saberás fazer isso e eu tenho certeza de que restabelecerás a harmonia no lar.

– Espero conseguir, meu amigo, obrigado por me ouvir – disse agradecido.

– Voltando ao assunto do estudo da mediunidade, estive lendo esta semana um livro publicado por um jovem médium mineiro. Ele se chama Francisco Cândido Xavier[2]. O nome do livro é *Parnaso de Além-Túmulo*. É uma coletânea de autores desencarnados de diversos estilos poéticos. Fiquei encantado com a obra e está dando o que falar. Será que um dia tu não vais entrevistar esse jovem médium? Tenho certeza de que dessa vez não vai ser tão "apavorante" – concluiu Macedinho com uma gargalhada.

Pensei na possibilidade e ela não me pareceu nem um pouco atraente. Declarei veemente:

– Não sei se quero me envolver com médiuns ou o que quer que sejam. Acho que nunca vou entender essas pessoas e o

---

2   Francisco de Paula Cândido Xavier, mais conhecido como Chico Xavier, nasceu em Pedro Leopoldo, em 1910, e desencarnou em Uberaba, em 2002. Foi médium, filantropo e um dos mais importantes divulgadores do Espiritismo. Psicografou 468 livros e vendeu mais de 50 milhões de exemplares (Nota da Edição).

significado do que realizam. Tudo parece estar além da minha capacidade de compreensão. Nos próximos dias sigo, a trabalho, para o Oriente Médio. Vou ficar um bom tempo longe, Macedinho!

– Não te percas pelo mundo, meu caro! Em teu lugar eu ia para casa aproveitar o tempo disponível com a família. Se não fizeres isso, poderás te arrepender mais tarde.

Naquele momento, eu não podia supor que as palavras de meu amigo estivessem tão certas e não tardariam a comprovar sua veracidade. Quando encarnados, não damos o devido valor ao tempo e, sem percebermos, acabamos por desperdiçá--lo. Naquele dia, ainda demorei a voltar para casa. Mais tarde sentiria falta de cada minuto que passei longe dos meus afetos quando poderia ter estado com eles.

⚜ ⚜ ⚜

O tempo avançou celeremente.

Logo minha garotinha completou dez anos de idade, cobrando a constante ausência do pai.

Por essa época, uma reviravolta atingira a família de minha esposa. Já não mais tinham a vida confortável de antes. Na Alemanha, os nazistas governavam com pulso firme, não permitindo nenhum espaço a seus opositores. Os Horscher, poderosos e influentes industriais, estavam entre eles e não tardaram a sofrer com perseguições e espoliações, tendo muitos de seus bens confiscados e muitos de seus poderes de decisão diminuídos na empresa em que dirigiam.

No Brasil, as notícias que vinham da Europa abalaram seriamente a saúde de meu sogro. Logo, os prejuízos financeiros também se fizeram sentir. Alguns parentes que viviam na

Alemanha julgaram por bem mudar-se para o Brasil, e este foi o caso da irmã mais nova dele, Helga Horscher.

A situação foi ficando cada vez mais desfavorável para a família. Ainda naquele ano, Arnoldo Horscher desencarnou, profundamente amargurado e desiludido, não só com as perdas patrimoniais sofridas, mas principalmente com a iminência de ver seu país envolvido em mais um confronto sangrento que, um ano depois, de fato viria a ocorrer.

Bertha nunca chegou a se recuperar plenamente da partida repentina do pai, que sempre foi o seu suporte emocional, por assim dizer.

Foi nessa época que ela felizmente aceitou desfazer-se da casa ampla em que residíamos e ir morar no apartamento que eu havia adquirido anos antes. A meu ver, esta seria uma boa providência. No entanto, Bertha nunca viu da mesma maneira. Resistia à ideia de mudar de padrão de vida, e Elisa, ainda criança, teve a mesma dificuldade.

Eu continuava a percorrer o mundo, ciente de que cumpria com minha obrigação profissional com a conhecida e respeitada dedicação e eficiência.

Amava o que eu fazia e estava sempre motivado a ir além. Quantas vezes estive novamente frente a frente com médiuns e manifestações mediúnicas dos mais diversos gêneros. Via, observava e ficava intrigado. Era como se Deus repetisse o convite para que eu investigasse mais a fundo os intrincados processos da mediunidade e os desse a conhecer aos demais numa época em que ainda eram vistos com muitos preconceitos. Certa vez, uma das médiuns chegou a descrever em detalhes a grave doença que me afetaria caso eu continuasse a ser descuidado com minha saúde. Não lhe dei a devida atenção. Tudo me pareceu muito exagerado e fantasioso.

Voltava para casa e, em minha tola pretensão, guardava a esperança de que meu afastamento era tolerado e entendido pela família. Os anos se passaram e o afastamento aumentou. Em um de meus regressos, não encontrei mais Elisa nem Bertha em nosso apartamento. Elas haviam optado por ir viver com a tia Helga, que lhes oferecera uma vida mais próxima do padrão que tinham anteriormente. Elisa, já adolescente, ficou fascinada com as novas possibilidades de ascensão social. Estudava em uma escola em que certamente haveria de fazer boas amizades, e quem sabe até conhecer alguém de bom nível com quem se casaria futuramente, de acordo com os planos de Helga e Bertha.

Fui acusado de tê-las abandonado em momento difícil apenas pelo desejo de ambição profissional. Contudo, nunca foi essa a minha intenção. No entanto, a força que me atraía em busca de respostas e de compreensão dos fatos sempre foi muito forte. Os laços com a família, muito tênues.

Fiquei imensamente triste com a decisão de Bertha, mas respeitei por julgar que de fato seria melhor para Elisa conviver em outro ambiente, melhor do que aquele que eu poderia lhe oferecer.

Talvez devesse ter lutado pelo amor de minha filha. Ela cresceu com a impressão de que eu, de fato, as havia relegado a segundo plano em nome de meus desejos de grandeza e de reconhecimento profissional. Em vez disso, passei a me dedicar ainda mais à profissão e a passar cada vez mais tempo longe, conformando-me com a ideia de que elas estavam se afastando de mim.

Terminados os horrores da Segunda Guerra Mundial, retornei para me fixar no Brasil. Por essa época, minha saúde já estava bastante debilitada. Tal como havia previsto a médium anos antes, meus excessos e descuidos acabaram por afetar o sistema digestivo e um tumor no intestino ameaçava pôr fim aos meus dias. Continuei trabalhando conforme a saúde permitia. Procurei me reaproximar da filha e da esposa. Quase não as reconheci. Bertha mergulhara em um estranho alheamento e passara a depender de medicação pesada. Uma mulher tão jovem e bonita se fizera prisioneira de si mesma. Já Elisa, bastante influenciada pela tia, que nunca me aceitou, passou a manifestar intensa rejeição, evitando falar comigo e não respondendo a nenhuma das tentativas que eu fazia.

Elisa, com quase vinte anos, era uma bela jovem, culta e inteligente, porém, carente de objetivos mais nobres em seu viver. Sua grande ambição era arrumar um casamento bem-sucedido para ter uma vida luxuosa e confortável. Talvez já estivesse perto de realizar sua meta. Tudo o que passei a saber a seu respeito foi a partir de terceiros, porque Elisa sempre foi firme em sua decisão de me manter afastado de tudo o que se referisse a ela. Era como se eu não mais existisse.

Sentia-me sem forças para lutar. Apenas os amigos mais leais e fiéis levaram-me algum alento e ânimo naqueles últimos tempos de minha passagem pela Terra. Muitos deles, em vão, procuraram dar conta de meu delicado estado de saúde a Elisa. Ela nunca veio até mim.

Enfim, parti deste mundo desolado e triste, sensação que me acompanhou por muito tempo na espiritualidade.

Uma sensação de profundo pesar impedia que eu pudesse ver os fatos com mais clareza. Sentia-me injustiçado, acusava os outros, mas não percebia que eu também havia provocado aquele tipo de reação com minha indiferença.

No retorno à vida espiritual, encontrei queridos amigos, entre eles Leonora Amorim, que muito me ajudou em minha adaptação. Contei também com a ajuda de Antoninho, meu querido irmão. Algum tempo depois, foi minha vez de auxiliar Bertha no seu regresso à pátria do espírito. Felizmente, conseguimos nos reconciliar e hoje lutamos na tarefa do autorreajustamento. Ela se prepara para nova encarnação.

Quanto a Elisa, nossa filha, minha tarefa de buscar a reconciliação me exigiu bem mais. Ela permaneceu longo tempo nas esferas inferiores, envolvida por entidades sinistras com as quais se envolvera, e por muito tempo recusou qualquer cooperação. Atualmente, Elisa se encontra em estágio melhor, em paz consigo e com aquele que foi seu relapso pai na mais recente existência.

Por muito tempo vivi ansioso pelo perdão de Elisa. Ela sabe agora do meu empenho em falar a outros pais, no sentido de despertá-los para a compreensão da importante tarefa da paternidade. Embora ainda hoje não me sinta totalmente qualificado, procuro alertá-los para que não cometam o mesmo erro que eu cometi e que tanta infelicidade me trouxe. O amor dos filhos é sagrado e tudo devemos fazer para mantê-lo.

Assim, caro leitor, que tem compartilhado comigo alguns lances de minha recente existência, encerro meu relato na esperança de que ele possa lhe servir. Ele vem de alguém que não foi exatamente um modelo de pai, mas que muito aprendeu com os próprios erros, propondo-se a corrigi-los com esperança e humildade. E, se devo agradecer a alguém, deve ser a você, que, ao dar sua atenção aos meus escritos, permite que eu possa crescer mais um pouco nessa nossa infinita escala de evolução.

Assim, voltemos a Porto Alegre, no século XXI, onde alguns amigos com os quais convivi vieram a reencarnar para novas experiências.

capítulo dezenove

Reparação

Novamente me reunia com os queridos amigos Cristiana e Damiano em nossa colônia. Eles traziam notícias da esfera terrestre. Há pouco regressavam do trabalho realizado no Centro Espírita Veredas da Luz.

Minha amiga comentou animada:

– Tarsila fez uma bela exposição falando sobre a mediunidade e a importância de discipliná-la. Álvaro estava presente. Senti que ficou emocionado ao vê-la tratando de um tema tão importante e que pode servir a tantas pessoas. De certa forma, sentiu-se gratificado por ter contribuído de alguma maneira para que Tarsila encontrasse um rumo seguro para desenvolver suas faculdades mediúnicas.

– E você deve sentir o mesmo, não é, Cristiana? Você a acompanhou em encarnação anterior, junto com Álvaro, que retornou como tio protetor, reparando os erros cometidos no passado.

Cristiana, sempre gentil, aproximou-se de mim e indagou:

– Fiquei sabendo que você concluiu seus relatos sobre suas experiências na encarnação recente. Posso continuar ajudando-o, meu amigo?

– Sim – confirmei com um sorriso. – Você pode me ajudar a contar para os amigos leitores o aprendizado que tivemos; eu, como jornalista, e você, como Alice, companheira de Leonora Amorim, que voltou à experiência carnal como sua querida filha, Tarsila.

– Ah, Fernando! Quantos enganos Emílio e eu cometemos na época. Era como se ele tivesse se tornado dono de Leonora. Ele muito contribuiu para a depauperação de sua saúde. Eu, por minha vez, não demorei a perceber o grave erro que cometia, principalmente depois de sua visita. Felizmente, em seguida ela se reconciliou com o pai, o doutor Dantas, e, mais adiante, conheceu Adalberto, que a tirou daquele sofrimento, praticamente cativa de Emílio.

A essa altura, Damiano, conhecedor da história, interveio:

– Alice, contudo, nunca deixou de se ocupar com Leonora. Mesmo depois do casamento, continuou a visitá-la regularmente e passou a ter uma boa relação de amizade com Adalberto também. E agiu assim até os últimos dias da médium.

– É verdade – concluiu Cristiana. – Adalberto ofereceu a Leonora todos os cuidados de que ela necessitava. Em seu retorno à esfera espiritual, nossos instrutores deram-nos a permissão para sermos os pais dela, que reencarnaria como Tarsila.

– Emílio também se propôs à reparação – completei. – Veio como o dedicado Álvaro, com a tarefa de proporcionar à sobrinha, desde cedo, um caminho mais equilibrado para que ela pudesse desenvolver harmoniosamente suas faculdades.

Foi então que Cristiana comentou:

– Depois que soube disso, entendi melhor a origem do relacionamento entre os dois irmãos, Fábio e Álvaro. O primeiro foi Adalberto; o segundo, Emílio. É natural que entre eles houvesse algumas divergências, desconfianças remanescentes de outra época. Era como se instintivamente Fábio quisesse proteger Tarsila de Álvaro, que, outrora, foi seu malfeitor.

A seguir, Damiano recordou:

– Não foram somente Alice, Emílio e Adalberto que voltaram a se aproximar no novo lar de Leonora. Seu pai, doutor Dantas, também retornou na figura do amoroso avô Paulo, que, por algum tempo, acabou por fazer as vezes de pai, sem entender bem por que isso acontecia. Quis, dessa forma, compensar o tempo em que se afastou da filha, movido por preconceito, intolerância e incompreensão.

– O que foi, Fernando? Agora que falamos no doutor Dantas você ficou com um ar tristonho. Por quê? – inquiriu Cristiana.

– Percebi que, sem querer, repeti o mesmo erro dele. Eu, justamente eu, que o procurei naquela noite tentando fazê-lo perceber que estava errado em se afastar da filha, anos depois cometi o mesmo erro. Minha filha cresceu longe de mim e eu deixei que isso acontecesse por acreditar que teria muito tempo para reverter a situação. E, no entanto, minha existência se encerrou quando eu tinha pouco mais de quarenta anos, sem ter tido a chance da reaproximação. Logo eu, que me achava tão seguro a ponto de interpelar o doutor Dantas naquela noite...

– Somos assim mesmo, Fernando – comentou Damiano. – Somos muito severos em apontar os erros dos outros, em julgar e condenar, esquecidos de que logo adiante podemos ser os próximos a cair ou, quem sabe, cometer faltas ainda maiores, passando a precisar do carinho e da compreensão dos outros. Ainda assim, sua iniciativa serviu para reaproximar Leonora do pai.

— Aproveitaríamos bem mais a oportunidade na Terra se não incorrêssemos nesse engano, e em outro bastante grave: o desperdício do tempo. Ainda me lembro de Macedinho me falando do trabalho do médium mineiro, que eu deveria entrevistá-lo. Nunca quis. Quando ele me levou às mãos um exemplar de *Nosso Lar*, li com muito interesse. Senti muita vontade de conhecer o médium e conversar com ele. No entanto, meus dias na Terra se encerravam. Quanto eu teria aprendido não fosse pelo orgulho e pela presunção! Contudo, meus amigos — disse, abraçando-os —, é preciso seguir sempre, sem desistir de trabalhar pelo aperfeiçoamento, como venho aprendendo aqui.

Caminhávamos agora os três, abraçados, rumo à sala de reuniões em que outros amigos nos aguardavam.

🌲🌲🌲

Em um ensolarado fim de semana, encontramos Tarsila e o esposo Jardel, ao lado do filho Vittorio, passeando pelo Parque da Redenção.

O menino seguia à frente do casal, que caminhava de mãos dadas. Ia feliz em sua bicicleta, observando o movimento das pessoas. Crescia com saúde e desenvolvia-se muito bem após a bem-sucedida cirurgia no coração. Apresentava agora bom funcionamento do sistema cardiovascular, recebendo sempre a atenção de profissionais bastante qualificados.

Vittorio, conforme a impressão que a mãe adotiva sempre tivera, havia retornado para perto dela a fim de ressarcir pesados débitos. Em encarnação anterior, na identidade de Leonora Amorim, ela atraíra o afeto sincero, mas desequilibrado, do jovem Artur. Ele que, precipitado ante a iminência de não poder se unir à amada, decidiu apelar para o suicídio dando um tiro no coração. Regressara agora para que ela o ajudasse a se recuperar na esfera carnal. Cumpriam, portanto, o compromisso assumido ainda na erraticidade, quando se reencontraram e se propuseram a novamente se reunir, superando todas as adversidades.

Para tanto, Tarsila contou com o apoio de Jardel, que sempre a incentivou desde o momento em que decidira adotá-lo. Viam seus esforços recompensados ao acompanhar o pleno desenvolvimento daquela criança franzina e debilitada que a vida, em seus inúmeros caminhos, fizera chegar até eles.

Em dado momento, os três pararam ao ouvir uma voz conhecida que chamava por eles. Era Gisele e a irmã Glorinha, que estava acompanhada pelo filho Pietro. O pequeno faria aniversário no próximo fim de semana e as duas reforçaram o convite para que Tarsila, Jardel e Vittorio comparecessem.

Logo tornaram a se afastar, seguindo rumos opostos. Tarsila então comentou com o esposo:

— Glorinha e Léo têm motivos para festejar. Pietro é um menino adorável, e agora os dois venceram os momentos difíceis dos primeiros anos de casamento. Ao que parece, apesar de muito jovens, têm uma união feliz!

— Sim — concordou Jardel. — Lembro-me da apreensão que a gravidez precoce de Glorinha provocou em todos de sua família. Agora, porém, tudo parece estar correndo melhor do que o esperado. Será que Fábio e Rosana irão ao aniversário?

— Penso que sim. Papai e Rosana retornam de viagem no meio da semana. Acho que vamos todos nos encontrar lá, na casa de Luciano e Bianca.

— Papai — interrompeu Vittorio —, por que eles não fizeram a festa na escolinha? É tão bom lá!

— Porque a casa do avô de Pietro é um lugar melhor para se fazer a festa dele, filho. Já a escolinha não seria um bom lugar — explicou Jardel.

Toda a vez que alguém falava na escolinha, Tarsila lembrava com carinho do querido vô Paulo, que a havia fundado havia vários anos. Sabia que ele estava em um plano feliz, dando curso às suas atividades. A ele dirigia sempre um pensamento de carinho e gratidão por ter deixado tão bela realização que continuava a servir a tantos garotos que queriam se dedicar ao futebol.

Jardel, que a conhecia muito bem, identificou prontamente a expressão de ternura em seu olhar saudoso.

— Saudades do vô Paulo? — indagou.

— Ah, querido! Só lamento porque você não o conheceu. Vocês teriam se dado muito bem. Ele também era uma pessoa fantástica, ou melhor, continua sendo, pois segue vivendo em outra dimensão. Nós é que temos o péssimo hábito de nos referir àqueles que já se foram como se não mais existissem, como se só tivessem existido enquanto estavam conosco. E não é assim. Libertos da matéria eles continuam a ser nossos queridos e a nos querer bem.

— Penso o mesmo em relação ao nosso querido Genaro — considerou Jardel. — Ainda ontem falei com Carolina, que, apesar da viuvez recente, não me pareceu desanimada. Tem a certeza de que ele prossegue aprendendo e evoluindo em um plano superior, com o amparo dos amigos espirituais que conquistou ao longo de uma vida dedicada ao bem do próximo.

Tarsila caminhava abraçada ao esposo, com o olhar vigilante sobre o filho, que seguia a poucos metros. Enquanto ele falava, ela pensava no quanto era bom ter ao seu lado uma pessoa que partilhava o mesmo ponto de vista em relação à vida e sua continuidade. A Doutrina Espírita, que ela passou a conhecer desde a infância e que muito influenciou em sua formação, também muito servira a Jardel, especialmente nos momentos em que ele se sentira fragilizado diante da doença de alguns familiares e da incerteza da eficácia do tratamento a que o pequeno Vittorio cedo precisou se submeter. Com o tempo, aprendeu a conviver e a entender a aguçada mediunidade de Tarsila, bem como sua tarefa de colocá-la a serviço de seu próprio adiantamento e de seus semelhantes.

Enquanto observava aquela família, que se constituíra por laços de legítimo afeto, agradecia a Deus por conceder à minha amiga de outros tempos, aquela a quem conheci como a atormentada médium Leonora Amorim, a oportunidade de reajustamento e evolução. Estava agora em paz com sua condição de medianeira, vivendo uma existência mais feliz e equilibrada. Não mais as incompreensões, acusações e desconfianças de outros tempos. Muito haveria ela de produzir por meio da prodigiosa mediunidade e do coração generoso, sempre pronto a trabalhar pelo bem comum.

Segui então para o Centro Espírita Veredas da Luz, onde me encontraria com o amigo Damiano.

capítulo *vinte*

Dias melhores

Ao chegarmos ao Centro Espírita Veredas da Luz, logo percebemos a intensa e ordenada movimentação dos trabalhadores desencarnados. Eram muitos os cuidados na preparação vibratória do ambiente. Não tardariam a chegar os trabalhadores do plano físico e os frequentadores. Era mais uma sessão pública de passe.

Damiano me recebeu com a habitual gentileza, e passamos a conversar tão logo nos desincumbimos de nossas tarefas. O amigo passou a me explicar:

– Fernando, eu sei que você está acompanhando o desenrolar da história que envolve não só Tarsila, sua amiga de épocas recuadas, mas também a história de Luciano, com seus acertos e desacertos. Peço sua colaboração hoje porque ele tornará a vir aqui, contando mais uma vez com a palavra lúcida de nossa cooperadora de vários anos, Carolina. Acredito que será útil para o estudo que você está fazendo. Poderá extrair interessantes conclusões a partir desse diálogo.

Agradeci a atenção e a lembrança do querido amigo. Reportava-se ele ao ex-jogador de futebol Luciano, que havia adquirido pesados débitos ao sugerir o aborto a duas jovens. A primeira não havia concordado e passara a educar a filhinha Gisele mesmo sem sua participação. Só mais tarde vieram a se conhecer e se tornaram muito amigos. A outra, Gláucia, havia desencarnado em decorrência das complicações do aborto provocado. Anos mais tarde, voltou a reencarnar no lar de Luciano como sua filha Glória.

Feita essa breve recapitulação, passei a auxiliar o amigo nas tarefas que me foram solicitadas. Na hora marcada, chegou Carolina, nossa cooperadora encarnada que faria a exposição doutrinária da noite. Tarsila a abraçou afetuosamente e disse com a conhecida simpatia:

– Hoje, mais uma vez, me lembrei de ti e de tio Álvaro. Mais uma mãe veio me pedir orientações sobre como tratar a filhinha que diz ver e conversar com espíritos. Lembrei-me de ti me contando sobre o dia em que tio Álvaro esteve em tua casa muito preocupado por minha causa.

Carolina sorriu. Recordava com precisão aquela tarde em que Álvaro conversou com ela a respeito da sobrinha que cedo manifestara aptidões mediúnicas.

– Sim, minha querida – completou ela –, os tempos são outros e a mediunidade na infância vem se manifestando com mais frequência entre nós para, certamente, acelerar nossa evolução, comprovando para o ser humano, cada vez mais cedo, a existência destes laços poderosos que nos unem aos que ficaram na outra dimensão.

Carolina logo foi saudada por outra amiga e não tardou a tomar assento no lugar de onde faria a exposição. Pouco antes de iniciar, vimos a chegada de Luciano e do neto Pietro, filho de Glorinha.

Após a prece de abertura, a senhora iniciou suas considerações sobre o tema daquela noite. Imprimindo segurança e ternura nas palavras, Carolina impregnou o ambiente de elevadas vibrações. Era grande o número de encarnados no recinto do Veredas da Luz, e maior ainda o número de desencarnados nas mais diversas condições. Muitos hauriam as ideias e emoções projetadas pela expositora – preciosas informações, esclarecimentos para as dúvidas que os angustiavam. Viam-se nas fisionomias as mais diversas expressões: medo, angústia, insegurança, dúvida, esperança, arrependimento, tristeza e desconforto.

O mesmo acontecia em relação aos encarnados. Os dois públicos pareciam se mesclar em certos momentos, tal a afinidade fluídica que unia uns e outros, dada a imantação entre os que estão na esfera física e os que já estão ou deveriam estar libertos da matéria.

Todos eram cuidadosamente observados pela equipe do Centro Espírita e, à medida que manifestavam aceitar o auxílio que lhes era oferecido naquele ambiente, eram prontamente atendidos em suas necessidades.

Muito ainda há para ser estudado em relação ao passe e suas implicações. Muito há de se avançar em relação ao papel desempenhado pelos cooperadores terrenos envolvidos em atividades dessa natureza. Quanto mais compreenderem a grandiosidade de um trabalho assim, certamente se empenharão em corrigir atitudes e posturas indesejadas, dando especial atenção à qualidade de seus pensamentos e emoções que, em muitos casos, afetam a dinâmica do trabalho. Daí a importância do estudo contínuo para iluminar a razão, o entendimento, bem como para acender a chama da caridade e do amor ao próximo, que deve ser constante no coração dos medianeiros.

Carolina, ao finalizar a exposição, pôde trocar algumas palavras afetuosas com alguns dos presentes que já a conheciam havia muitos anos. Pietro, o netinho de Luciano, logo correu para ela e lhe deu um carinhoso abraço. A senhora retribuiu emocionada. Quantas crianças havia visto crescer ao longo de tantos anos de trabalho com a evangelização daquele Centro Espírita! Pietro era mais um amiguinho a quem conquistara. Ao observá-lo com mais atenção, comentou:

– Está lindo e forte o nosso Pietro... acho que vai ter compleição de atleta! Será mais um jogador de talento, assim como o avô?

– Bem, não quero comemorar antes da hora, mas jeito com a bola ele tem – rematou Luciano com um sorriso de avô orgulhoso.

Ao ver Carolina sozinha, por um momento lembrou-se do quanto ela deveria sentir a falta do esposo Genaro, seu companheiro de tantos anos, desencarnado alguns meses antes. Na saída, ofereceu-se para levá-la em casa.

Durante o trajeto, Pietro adormecera no banco de trás do carro. Estava cansado do dia cheio de passeios e atividades. Enquanto isso, os dois conversaram:

– Você deve sentir uma imensa saudade do nosso amigo quando vai ao Veredas da Luz! Eu sinto demais a ausência dele.

– Eu sinto sim, Luciano. Foram muitos anos de uma convivência feliz! A saudade machuca, mas a certeza de que ele está bem, vivendo em um plano melhor, deve nos animar e nos convidar à continuidade do trabalho, até chegar a hora de também deixarmos a vida material, rumo a outro destino.

– A vida é estranha, Carolina. Traz e leva pessoas do nosso convívio. Promove reencontros. Veja o meu caso: esse menino veio fazer parte da minha vida de maneira totalmente inesperada, tu lembras. A gravidez precoce da Glorinha, toda aquela confusão, aquela incerteza...

– Sim, meu amigo, eu lembro perfeitamente – anuiu Carolina.

– Até hoje, por vezes, revejo a cena da minha filha com aquela bolsa com abortivos dizendo que tinha a solução para o problema. Meus Deus! Como ela pôde pensar que eu concordaria com uma coisa daquelas? O que terá se passado na cabeça dela para me procurar com uma ideia tão descabida? Devia estar mesmo muito desesperada, sem saber o que fazer!

– Por certo! E se ela tivesse tomado a decisão errada? Não terias aí o teu companheiro de jogo!

– Nem me fale... não imagino minha vida sem este menino.

Após breve pausa, Luciano continuou:

– Agora eles estão bem, Pietro, Glorinha e Léo. Os pais conseguiram um pequeno apartamento, estão trabalhando e se dão muito bem. Minha filha amadureceu bastante com a experiência. Vez ou outra, ainda tenho aquela estranha sensação, aquela da qual te falei...

– De identificar em Glorinha algumas semelhanças com aquela tua ex-namorada, a Gláucia!

– Eu demorei um tempo para aceitar a possibilidade de Glorinha ser a reencarnação de Gláucia e termos nos reencontrado para nos ressarcir de nossos erros. Tudo isso me parecia improvável. Mas, com o tempo, passei a ver que é possível sim e, se for, espero ter me corrigido ao agir de maneira diferente quando evitei que ela repetisse o erro.

— Luciano, tu sabes que tudo o que eu te falei não chega a ser uma certeza, é apenas suposição. Em minha opinião, é muito arriscado nós, no nosso limitado entendimento aqui do plano físico, termos absoluta certeza sobre fatos como este, envolvendo a reencarnação. Afirmei porque tudo leva a crer que seja assim, e, se foi mesmo, devemos agradecer a Deus por ter te proporcionado esta importante oportunidade de reajustamento junto ao espírito dessa moça a quem, desta vez, evitaste que cometesse um grave erro. Foi, sem dúvida, um aprendizado e tanto, meu amigo.

Luciano já se aproximava da casa de Carolina. Despediram-se afetuosamente e ele seguiu com o coração feliz por ter conversado mais uma vez com a querida amiga, que sabia encorajá-lo e esclarecê-lo em muitas ocasiões desta vida tão cheia de surpresas e desafios.

⚜ ⚜ ⚜

Ao retornar para sua casa naquela noite, Luciano continuou pensando nas palavras de Carolina. Ela, ainda que no terreno das cogitações, lhe apresentara uma versão dos fatos que parecia cada vez mais condizente com a realidade. Uma única pessoa sabia de suas suspeitas de que Gláucia, seu amor do passado, poderia ter reencarnado como sua filha. Além de Carolina, ele só ficara à vontade para comentar o assunto com Rosana, a mãe de sua primogênita Gisele. Ela o compreendia bem e passou a aceitar a tese da reencarnação depois que conheceu Fábio, o atual esposo. Com ele sempre teve tão estreitas afinidades que se recusava a acreditar que fosse a primeira vez que se encontravam. Reencontro, essa parecia ser a palavra mais adequada para o que acontecera com os dois.

Poderia certamente servir para o que se passava entre Luciano e Glorinha.

Por meio da reencarnação a vida muda os papéis. Assim, pais voltam a se encontrar como irmãos, esposos voltam como pais e filhos, tudo para obedecer ao que melhor servir para o reajustamento de todos.

Era nisso que pensava Luciano enquanto olhava saudoso o retrato dos filhos Glorinha, Bernardo e Gisele, a sua Gigi. Todos estavam agora seguindo seus rumos na vida profissional e afetiva. Guardara para si o importante aprendizado com a filha mais nova, que regressara da espiritualidade para viver ao lado dele uma experiência melhor, numa fase em que ele já estava mais amadurecido e responsável para ensiná-la a importância de se respeitar a vida de todos, mesmo daqueles que ainda não se corporificaram na Terra. Assim, salvara a existência daquele ser que crescia no ventre de Glorinha e que era o mesmo menino que ele há pouco acariciara ao acomodá-lo na cama para dormir. Tão distraído estava ele, ainda a observar as fotos dos filhos, que demorou a perceber a esposa Bianca atrás dele.

– É... parece que estamos ficando velhos, meu querido... este teu olhar saudoso voltado para a infância de nossos amados só me faz pensar no quanto o tempo passa sem poupar a ninguém! Daqui a pouco, serão eles a olhar para nossas fotos e recordar o tempo em que estivemos juntos!

– Ah, meu amor! Nos meus tempos de jogador de sucesso, imaginava um futuro diferente para mim, como se eu fosse ser jovem para sempre. Não imaginava ser o homem saudosista que vês agora – comentou ele, abraçando-a.

– Não imaginavas que teu futuro seria ao lado de uma fã! – brincou Bianca.

— Uma fã que conquistou minha admiração e meu amor por ser uma mulher tão especial! Se eu tivesse levado a vida despreocupada e fútil que naquela época entendia ser a melhor para mim, por certo não teríamos nos conhecido, pois naqueles tempos preferia companhias que me dessem alguma vantagem, alguma projeção. E, por incrível que pareça, aquele acidente que pôs fim às minhas aspirações acabou por encerrar uma etapa e começar outras, trazendo-me outro modo de entender a vida e os relacionamentos. Pude ver quem eram meus verdadeiros amigos e quem eram os aproveitadores, aqueles que, como eu costumava fazer, só se aproximavam de mim para auferir algum destaque ou se promover. Quantos erros mais eu teria cometido, quanta infelicidade haveria semeado se não tivesse recebido aquele basta no meio do caminho tortuoso rumo à tão desejada fama.

Bianca ouvia o desabafo de Luciano. Sentia que ele precisava mesmo expressar emoções e impressões que continha já havia algum tempo. Depois de uma pausa, ele continuou:

— Sabe, Bianca, é isso que tento passar para os meninos da escolinha quando noto neles aquele brilho no olhar de quem quer a fama a qualquer preço. Eu também fui assim, quis a ascensão custasse o que custasse, e acabei me comprometendo. Embora eles não me entendam e eu não tenha o direito de tolhê-los em seus sonhos mais altos, devo desde já preveni-los quanto aos perigos e a como lidar com o fracasso e o sucesso. É isso que tento e tentarei sempre fazer. Não quero que nenhum deles se perca com as ilusões do mundo!

— Eu sei, querido, já vi tuas conversas com eles, já vi outros tantos jogadores experientes fazerem o mesmo. Ainda assim, apesar do esforço de vocês, eles terão suas próprias experiências, seus acertos e desacertos; serão ofuscados pelo brilho do sucesso e poderão cair, se perderem. Não será culpa de vocês, que lhes proporcionam uma boa formação. Isso faz parte do amadurecimento de cada um. Aliás, devo te dizer que já é tarde e amanhã é dia de campeonato; muitas emoções estão por vir, meu campeão! – rematou Bianca com um beijo carinhoso.

Em ato contínuo, voltei à presença de Damiano em Veredas da Luz; de lá, seguiríamos para a nossa colônia. Antes, porém, o querido amigo me avisou de que alguém estava à minha espera em um dos departamentos do Centro Espírita. Exultei ao saber que ali teria mais um encontro com minha filha Elisa, que continuava em tratamento e estava em plena recuperação. Segui incontinente para encontrar-me com ela.

capítulo **vinte e um**

À luz do perdão

Elisa de fato me aguardava sentada em um banco do primoroso jardim que circundava o edifício onde se localizava a sede espiritual, por assim dizer, do Centro Espírita que aqui denominamos Veredas da Luz.

Mostrava-se mais serena, com um aspecto mais saudável, muito melhor do que estava em nosso último encontro. Havia solicitado aos nossos superiores permissão para falar comigo, algo que havia muito tempo relutava em fazer.

Mesmo na vida espiritual, Elisa continuou a nutrir o mesmo ressentimento e a mágoa por sentir-se abandonada por mim. Por mais que eu tentasse me aproximar, por diversas vezes relutou em aceitar minha presença. Elisa passou por demorado processo de refazimento. A vida espiritual, com suas paisagens, sua atividade incessante e seus variados níveis de evolução, foi uma total surpresa para ela que, mais uma vez, havia passado por uma existência terrena marcada por acentuado materialismo. Isto em parte devido ao meu próprio descuido, que nada fiz para corrigir essa formação equivocada enquanto ainda havia tempo.

A moça que estava diante de mim não tinha mais a expressão assustada, torturada e revoltada de antes. Havia recebido muitos cuidados de venerandos amigos, os quais sempre serão credores de minha mais profunda gratidão. Amigos aos quais recorri inúmeras vezes para que a acolhessem. Amigos que foram pacientes em me esclarecer que era preciso saber o momento exato de agir para que o auxílio fosse, de fato, eficiente. Souberam ser pacientes com ela e comigo, em minha ansiedade de querer vê-la em um estado melhor.

Aproximei-me devagar, assim que recebi seu assentimento.

Elisa estava cabisbaixa, evitava me olhar. Comecei imprimindo ternura à voz:

— Como está, minha querida? Como se sente agora?

— Ainda um tanto confusa com tudo o que aconteceu e com muitas perguntas a fazer! Quando me disseram que você estava aqui, quis te ver mais uma vez. Eu estou indo bem. E você, com os teus escritos?

— Felizmente estou obtendo permissão para continuar com essa atividade que tanto me cativou. Assim como você, sigo buscando aprender e entender melhor o que se passa, Elisa!

Ela caminhava em torno de pequeno canteiro florido, próxima ao banco onde eu estava. Parecia querer me dizer algo e não encontrava a melhor maneira.

— Você encontrou uma boa forma de servir aos outros fazendo o que gosta!

— E isso certamente vai acontecer com você, Elisa, quando descobrir alguma atividade com a qual se afiniza.

– É por esse motivo que eu te chamei aqui. Quero descobrir alguma atividade em que possa ser útil. Não quero mais ficar indefinidamente me lamentando e acusando as pessoas pelas coisas que não deram certo em minha vida. Já perdi muito tempo com lamentações e acusações. Sei que há muito por fazer. Quero começar aos poucos, não quero ser improdutiva. Você me ajuda?

Eu estava enternecido diante da nova disposição de Elisa, um espírito que vagara perdido pelas zonas inferiores da espiritualidade, recusando socorro, até finalmente ceder aos nossos apelos e preces em seu benefício. Lembrei-me das inúmeras oportunidades em que senti o coração confrangido, sem poder ajudá-la da maneira como eu desejava. Via-me amargurado, triste, arrependido, com a impressão de que jamais conseguiria me livrar destes sentimentos de pesar em relação àquele ser que ocupara o papel de minha filha e a quem eu recusara a atenção devida em muitos momentos de sua formação.

Depois de muito tempo, era a mim que ela recorria, pedindo-me que a apresentasse àquele mundo novo, completamente surpreendente para ela. Abracei Elisa comovido. Agradeci ao Criador numa prece pungente pela oportunidade de novamente confiar a mim os cuidados com Elisa, que voltava a depositar confiança no seu pai de outrora.

Desde então, passamos a ser vistos seguidamente juntos, ambos trabalhando pelo crescimento e reajustamento um do outro, aprendendo muito e nos fortalecendo mutuamente.

⚓ ⚓ ⚓

Ao finalizar mais este trabalho, que me foi permitido relatar, espero ter contribuído com a narrativa de alguns lances de minha trajetória pessoal, bem como com experiências vividas pelos personagens que, muito gentilmente, deram-me a licença de publicar um pouco de suas vivências.

A literatura muito tem ensinado e muito haverá de nos ensinar. É uma porta que se abre para que possamos fazer chegar àqueles que dedicam um pouco do seu tempo à leitura uma parcela do que temos aprendido com a vida – nossos desacertos, nossas vitórias, nossos tropeços, enfim, tudo o que serve para que possamos compreender melhor a nós mesmos e o real sentido da vida.

A literatura, com objetivos nobres, é sempre educativa e esclarecedora. A ela espero poder me dedicar por muito tempo ainda, sempre contando com o auxílio de pacientes instrutores com os quais muito tenho aprendido.

Agradeço a eles e agradeço a você, estimado leitor, pela atenção com que aprecia meus escritos, o que me incentiva sempre a prosseguir em meu gradativo aprimoramento.

A todos que vêm avançando nesta caminhada comigo, ofereço minha gratidão e minha amizade. Este companheiro esforçado há de seguir com vocês, aprendendo com todos e procurando servir sempre por meio do amor e da instrução, conforme ensina o Mestre Jesus.

Para tanto, convido-os a seguir partilhando deste constante aprendizado que venho realizando; e não digo adeus, mas até breve, com a esperança de que não tardará o nosso próximo encontro em outra obra literária.

E sigamos todos caminhando rumo à Luz Maior!

Fernando

Leia também estes imperdíveis romances do espírito Fernando

Psicografia de Lizarbe Gomes

Veredas da Paz

Floriano Sagres, escritor e jornalista, é casado com Diana Veiga, uma atriz muito talentosa e reconhecida. Ambos vivem uma vida feliz, até que ela conhece Vinícius, um produtor de TV e por ele se apaixona. Nesta obra aprendemos as verdadeiras consequências da Lei de Ação e Reação e entendemos também que a todos é dada uma oportunidade de multiplicar o amor rumo à construção da felicidade, pois ela é o instrumento maior de nossa evolução espiritual.

O Monge e o Guerreiro

Edgar e Roberto Yunes são irmãos e empresários do ramo moveleiro na cidade de Curitiba. Edgar, casado com Stefânia, tem um filho: Reinaldo. Roberto se casa com Susana e ela engravida do pequeno Paolo. Depois de anos, os filhos de Stefânia e Susana descobrem um grande segredo que vai além da existência atual, mas que os une em sentimento. Uma batalha interior começa entre ambos para a aceitação de uma situação indesejada.

Leia os romances de Schellida!
Emoção e ensinamento em cada página!
Psicografia de Eliana Machado Coelho

CORAÇÕES SEM DESTINO – Amor ou ilusão? Rubens, Humberto e Lívia tiveram que descobrir a resposta por intermédio de resgates sofridos, mas felizes ao final.

O BRILHO DA VERDADE – Samara viveu meio século no Umbral passando por experiências terríveis. Esgotada, e depois de muito estudo, Samara acredita-se preparada para reencarnar.

UM DIÁRIO NO TEMPO – A ditadura militar não manchou apenas a História do Brasil. Ela interferiu no destino de corações apaixonados.

DESPERTAR PARA A VIDA – Um acidente acontece e Márcia passa a ser envolvida pelo espírito Jonas, um desafeto que inicia um processo de obsessão contra ela.

O DIREITO DE SER FELIZ – Fernando e Regina apaixonam-se. Ele, de família rica. Ela, de classe média, jovem sensível e espírita. Mas o destino começa a pregar suas peças...

SEM REGRAS PARA AMAR – Gilda é uma mulher rica, casada com o empresário Adalberto. Arrogante, prepotente e orgulhosa, sempre consegue o que quer graças ao poder de sua posição social. Mas a vida dá muitas voltas.

UM MOTIVO PARA VIVER – O drama de Raquel começa aos nove anos, quando então passou a sofrer os assédios de Ladislau, um homem sem escrúpulos, mas dissimulado e gozando de boa reputação na cidade.

O RETORNO – Uma história de amor começa em 1888, na Inglaterra. Mas é no Brasil atual que esse sentimento puro irá se concretizar para a harmonização de todos aqueles que necessitam resgatar suas dívidas.

FORÇA PARA RECOMEÇAR – Sérgio e Débora se conhecem e nasce um grande amor entre eles. Mas encarnados e obsessores desaprovam essa união.

LIÇÕES QUE A VIDA OFERECE – Rafael é um jovem engenheiro e possui dois irmãos: Caio e Jorge. Filhos do milionário Paulo, dono de uma grande construtora, e de dona Augusta, os três sofrem de um mesmo mal: a indiferença e o descaso dos pais, apesar da riqueza e da vida abastada.

PONTE DAS LEMBRANÇAS – Ricos, felizes e desfrutando de alta posição social, duas grandes amigas, Belinda e Maria Cândida, reencontram-se e revigoram a amizade que parecia perdida no tempo.

MAIS FORTE DO QUE NUNCA – A vida ensina uma família a ser mais tolerante com a diversidade.

MOVIDA PELA AMBIÇÃO – Vitória deixou para trás um grande amor e foi em busca da fortuna. O que realmente importa na vida? O que é a verdadeira felicidade?

MINHA IMAGEM – Diogo e Felipe são irmãos gêmeos. Iguais em tudo. Até na disputa pelo amor de Vanessa. Quem vai vencer essa batalha de fortes sentimentos?

Romances imperdíveis!
Psicografia de Maurício de Castro

NADA É PARA SEMPRE
Clotilde morava em uma favela. Sua vida pelas ruas a esmolar trocados e comida para alimentar o pequeno Daniel a enchia de revolta e desespero. O desprezo da sociedade causava-lhe ódio. Mas, apesar de sua condição miserável, sua beleza chamou a atenção de madame Aurélia, dona da Mansão de Higienópolis, uma casa de luxo em São Paulo que recebia clientes selecionados com todo o sigilo. Clotilde torna-se Isabela e começa então sua longa trilha em busca de dinheiro e ascensão social.

NINGUÉM LUCRA COM O MAL
Ernesto era um bom homem: classe média, trabalhador, esposa e duas filhas. Espírita convicto, excelente médium, trabalhava devotadamente em um centro de São Paulo. De repente, a vida de Ernesto se transforma: em uma viagem de volta do interior com a família, um acidente automobilístico arrebata sua mulher e as duas meninas. Ernesto sobrevive... Mas agora está só, sem o bem mais precioso de sua vida: a família.

HERDEIROS DE NÓS MESMOS
Herdeiros de Nós Mesmos
A fazenda Boa Esperança era uma verdadeira mina de ouro. Durante anos, vinha sustentando a família Caldeiras com luxo e muito dinheiro. Mas o velho Mariano, dono de todo aquele império, agora estava doente e à beira da morte. Uma emocionante obra que nos mostra as consequências do apego aos bens materiais, sobretudo quando ele contamina o amor entre as pessoas, gerando discórdia e desarmonia.

O PREÇO DE UMA ESCOLHA
Neste emocionante romance, uma trama repleta de momentos de suspense, com ensinamentos espirituais que vão nos ajudar no decorrer de nossa vida a fazermos sempre as escolhas certas sem prejuízo ao semelhante.

SEM MEDO DE AMAR
Até quando o nosso medo de amar vai impedir que sejamos felizes? Hortência, Douglas e Amanda venceram esse desafio.

NINGUÉM DOMINA O CORAÇÃO
Luciana e Fabiano têm uma relação apaixonada, mas a vida separa o casal. Luciana não vai desistir e quer se vingar. Um enredo cheio de suspense, vingança e paixão, no qual descobrimos que ninguém escolhe a quem amar, mas que o caminho do verdadeiro amor deve sempre ser preenchido pelo perdão incondicional, não importando as mágoas de um doloroso passado.

DONOS DO PRÓPRIO DESTINO
Lucélia era uma mulher sofisticada. Empresária, dona de muitos negócios na Europa, pouco vinha ao Brasil. Seus filhos, os jovens Caio e Nicole, foram praticamente criados pela tia, Virgínia, irmã de Lucélia. Em uma de suas raras passagens pelo Brasil, Lucélia decide que os filhos devem voltar com ela para a Europa. A notícia cai como uma bomba naquela família. Estava em curso um ajuste de compromissos do passado, no qual todos estavam entrelaçados e remonta ao século XVIII. Este romance instigante e cheio de mistérios, aborda assuntos como adultério, amor sem preconceito, vingança, paixão e resignação, mostrando-nos que todos nós somos donos do nosso próprio destino e responsáveis por tudo o que nos acontece. Cabe a nós fazermos as escolhas corretas, pois a harmonização de compromissos do passado é inevitável.

Leia estes envolventes romances do espírito Margarida da Cunha
Psicografia de Sulamita Santos

Doce Entardecer

Paulo e Renato eram como irmãos. O primeiro, pobre, um matuto trabalhador em seu pequeno sítio. O segundo, filho do coronel Donato, rico, era um doutor formado na capital que, mais tarde, assumiria os negócios do pai na fazenda. Amigos sinceros e verdadeiros, desde jovens trocavam muitas confidências. Foi Renato o responsável por levar Paulo a seu primeiro baile, na casa do doutor Silveira. Lá, o matuto iria conhecer Elvira, bela jovem que pertencia à alta sociedade da época. A moça corresponderia aos sentimentos de Paulo, dando início a um romance quase impossível, não fosse a ajuda do arguto amigo, Renato.

À Procura de um Culpado

Uma mansão, uma festa à beira da piscina, convidados, glamour e, de madrugada, um tiro. O empresário João Albuquerque de Lima estava morto. Quem o teria matado? Os espíritos vão ajudar a desvendar o mistério.

Desejo de Vingança

Numa pacata cidade perto de Sorocaba, no interior de São Paulo, o jovem Manoel apaixonou-se por Isabel, uma das meninas mais bonitas do município. Completamente cego de amor, Manoel, depois de muito insistir, consegue seu objetivo: casar-se com Isabel mesmo sabendo que ela não o amava. O que Manoel não sabia é que Isabel era uma mulher ardilosa, interesseira e orgulhosa. Ela já havia tentado destruir o segundo casamento do próprio pai com Naná, uma bondosa mulher, e, mais tarde, iria se envolver em um terrível caso de traição conjugal com desdobramentos inimagináveis para Manoel e os dois filhos, João Felipe e Janaína.

Laços que não se Rompem

Em idos de 1800, Jacob herda a fazenda de seu pai. Já casado com Eleonora, sonha em ter um herdeiro que possa dar continuidade a seus negócios e aos seus ideais. Margarida nasce e, já adolescente, conhece Rosalina, filha de escravos, e ambas passam a nutrir grande amizade, sem saber que são almas irmanadas pelo espírito. O amor fraternal que sentem, e que nem a morte é capaz de separar, é visível por todos. Um dia, a moça se apaixona por José, um escravo. E aí, começam suas maiores aflições.

Os Caminhos de uma Mulher

Lucinda, uma moça simples, conhece Alberto, jovem rico e solteiro. Eles se apaixonam, mas para serem felizes terão de enfrentar Jacira, a mãe do rapaz. Conseguirão exercitar o perdão para o bem de todos? Um romance envolvente e cheio de emoções, que mostra que a vida ensina que perdoar é uma das melhores atitudes que podemos tomar para a nossa própria evolução.

O Passado Me Condena

Osmar Dias, viúvo, é um rico empresário da indústria plástica. Os filhos, João Vitor, casado, forte e independente, é o vice-diretor; e Lucas, o oposto do irmão, é um jovem, feliz, alegre e honesto. Por uma fatalidade, Osmar sofre um AVC e João Vitor tenta de todas as maneiras abreviar a vida dele. Contudo, depois de perder os seus bens mais preciosos, João se dá conta de que não há dinheiro que possa desculpar uma consciência ferida. E ele terá um grande desafio: perdoar-se sem olhar para os fios do passado.

Obras de Irmão Ivo: leituras imperdíveis para seu crescimento espiritual
Psicografia da médium Sônia Tozzi

O Preço da Ambição
Três casais ricos desfrutam de um cruzeiro pela costa brasileira. Tudo é requinte e luxo. Até que um deles, chamado pela própria consciência, resolve questionar os verdadeiros valores da vida e a importância do dinheiro.

A Essência da Alma
Ensinamentos e mensagens de Irmão Ivo que orientam a Reforma Íntima e auxiliam no processo de autoconhecimento.

A Vida depois de Amanhã
Cássia viveu o trauma da separação de Léo, seu marido. Mas tudo passa e um novo caminho de amor sempre surge ao lado de outro companheiro.

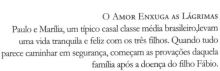

Quando Chegam as Respostas
Jacira e Josué viveram um casamento tumultuado. Agora, na espiritualidade, Jacira quer respostas para entender o porquê de seu sofrimento.

O Amor Enxuga as Lágrimas
Paulo e Marília, um típico casal classe média brasileiro, levam uma vida tranquila e feliz com os três filhos. Quando tudo parece caminhar em segurança, começam as provações daquela família após a doença do filho Fábio.

Somos Todos Aprendizes
Bernadete, uma estudante de Direito, está quase terminando seu curso. Arrogante, lógica e racional, vive em conflito com familiares e amigos de faculdade por causa de seu comportamento rígido.

No Limite da Ilusão
Marília queria ser modelo. Jovem, bonita e atraente, ela conseguiu subir. Mas a vida cobra seu preço.

O Passado ainda Vive
Constância pede para reencarnar e viver as mesmas experiências de outra vida. Mas será que ela conseguirá vencer os próprios erros?

Uma Janela para a Felicidade
Nancy nasceu em uma família extremamente amorosa. Sua história de vida traz grandes ensinamentos acerca da vida e do preconceito, e mostra a resignação e a força de personagens que entendem como a luta pela superação de defeitos é importante para a própria evolução.

Renascendo da Dor
Raul e Solange são namorados. Ele, médico, sensível e humano. Ela, frívola, egoísta e preconceituosa. Assim, eles acabam por se separar. Solange inicia um romance com Murilo e, tempos depois, descobre ser portadora do vírus HIV. Começa, assim, uma nova fase em sua vida, e ela, amparada por amigos espirituais, desperta para os ensinamentos superiores e aprende que só o verdadeiro amor é o caminho para a felicidade.

Almas em Conflito
Cecília é casada com Joaquim e ambos têm três filhos: Teresa, Lucas e Marilda. Mas uma fatalidade leva Teresa para o plano espiritual. Joaquim abandona Cecília e os filhos, e passa a viver sua vida como gosta: de maneira egoísta. Apesar das adversidades, Cecília conhece Francisco e por ele se apaixona. Sua vida passa por transformações penosas, mas não injustas: o débito é sempre proporcional à dívida que se contrai em uma existência anterior e imprudente.

Livros da médium Eliane Macarini

Resgate na Cidade das Sombras
Virginia é casada com Samuel e tem três filhos: Sara, Sophia e Júnior. O cenário tem tudo para ser o de uma família feliz, não fossem o temperamento e as oscilações de humor de Virginia, uma mulher egoísta que desconhece sentimentos como harmonia, bondade e amor, e que provoca conflitos e mais conflitos dentro de sua própria casa.

Obsessão e Perdão
Não há mal que dure para sempre. E tudo fica mais fácil quando esquecemos as ofensas e exercitamos o perdão.

Aldeia da Escuridão
Ele era o chefe da Aldeia da Escuridão. Mas o verdadeiro amor vence qualquer desejo de vingança do mais duro coração.

Comunidade Educacional das Trevas
Nunca se viu antes uma degradação tão grande do setor da Educação no Brasil. A situação deprimente é reflexo da atuação de espíritos inferiores escravizados e treinados na Comunidade Educacional das Trevas, região especializada em criar perturbações na área escolar, visando sobretudo desvirtuar jovens ainda sem a devida força interior para rechaçar o mal.

Amazonas da Noite
Uma família é alvo de um grande processo obsessivo das Amazonas da Noite, uma falange de espíritos comandada pela líder Pentesileia. Elas habitam uma cidadela nas zonas inferiores e têm como inspiração as amazonas guerreiras de tempos remotos na Grécia.

Vidas em Jogo
Nesta obra, a catastrófica queda de jovens no mundo dos vícios e torpezas até a ascensão, que liberta e dignifica a própria existência. Uma lição de vida, que toca fundo no coração.

Berço de Luz
Rachel vive vários conflitos agravados pelo descontrole do pai, César, um homem que se embriaga com frequência e a maltrata. Inês, a mãe, é totalmente submissa ao marido autoritário. Esta obra nos mostra que a vida é um constante renascer, um processo contínuo de melhoria e evolução. Muitas vezes pelo sofrimento. Mas a dor é uma amiga passageira, aceitemos as dificuldades e logo um novo dia irá brilhar, mais bonito, mais radiante e mais feliz!

Só o Amor Pode Vencer
Dois jovens, Rebecca e Heitor, encontram-se novamente nesta encarnação para realizarem sonhos antigos de vidas passadas, dos tempos em que ele era um cavalariço e ela uma menina rica, com grande mediunidade. A história desses amigos nos mostra que é possível vencer qualquer obstáculo na vida, desde que tenhamos o firme propósito de superar limitações e problemas, na certeza de que, só com caridade, união, fé e fraternidade, as conquistas aparecerão.

Obras da médium Vera Lúcia Marinzeck de Carvalho

Rosana, a Terceira Vítima Fatal
Suspense, morte e o reencontro, na espiritualidade, de Rosana e Rafael, dois personagens vítimas da violência.

Amai os Inimigos
O empresário Noel é traído pela esposa. Esse triângulo amoroso irá reproduzir cenas do passado. Após seu desencarne ainda jovem, Noel vive um novo cotidiano na espiritualidade e se surpreende ao descobrir quem era o amor de sua ex-esposa na Terra.

Escravo Bernardino
Romance que retrata o período da escravidão no Brasil e apresenta o iluminado escravo Bernardino e seus esclarecimentos.

Véu do Passado
Kim, o "menino das adivinhações", possui intensa vidência desde pequeno e vê a cena da sua própria morte.

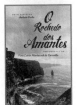

O Rochedo dos Amantes
Um estranha história de amor acontece no litoral brasileiro num lugar de nome singular: Rochedo dos Amantes.

Um Novo Recomeço
Nelson era um empresário rico. Autoritário e dominador, conduzia a empresa e a família sem maiores problemas. Tudo estava indo bem, até que o pior aconteceu. Depois de uma discussão com o filho, ele sentiu-se mal, adormeceu e acordou em sua própria casa, mas com tudo diferente. "O que aconteceu?", indagou-se várias vezes. Ninguém o via, a esposa não lhe dava atenção e as empregadas o ignoravam. Este emocionante enredo nos faz pensar de imediato: "E se fôssemos nós no lugar de Nelson, como nos defrontaríamos com a desencarnação?".

espíritos Guilherme, Leonor e José
Em Missão de Socorro
Histórias de diversos resgates realizados no Umbral por abnegados trabalhadores do bem.

espírito Rosângela (infantil)
O Pedacinho do Céu Azul
História da menina cega Líliam cujo maior sonho era ver o céu azul.

O Caminho de Urze

Uma emocionante história de amor. Ramon planta flores no caminho que percorre para ver a namorada. Urze é uma homenagem a este grande amor: União de Ramon e Zenilda pela Eternidade. Mas o caminho se bifurca... A vida os separa. Ambos sofrem. Será que eles voltarão a se encontrar? A vida unirá Ramon e Zenilda novamente?

CTP•Impressão•Acabamento
Com arquivos fornecidos pelo Editor

EDITORA e GRÁFICA
VIDA & CONSCIÊNCIA

R. Agostinho Gomes, 2312 • Ipiranga • SP
Fone/fax: (11) 3577-3200 / 3577-3201
e-mail:grafica@vidaeconsciencia.com.br
site: www.vidaeconsciencia.com.br